우리는
일본을
닮아가는가

우리는 일본을 닮아가는가
LG경제연구원의 저성장 사회 위기 보고서

초판 1쇄 | 발행 2016년 5월 16일
초판 6쇄 | 발행 2017년 1월 12일

지은이 | 이지평, 이근태, 류상윤

펴낸곳 | 도서출판 이와우
주소 | 경기도 고양시 일산동구 숲속마을 1로 29-37 서광 미르프라자 2층 211호
전화 | 031) 901-9616
이메일 | editorwoo@hotmail.com
홈페이지 | www.ewawoo.com
외주 교정 교열 | 이가영
디자인 | 디자인 붐
인쇄·제본 | (주)현문

출판등록 | 2013년 7월 8일 제2013-000115호

정가는 뒤표지에 있습니다.
이 책은 저작권법에 의하여 보호를 받는 저작물이므로 무단 전재와 복제를 금합니다.
잘못된 책은 구입하신 서점에서 교환해 드립니다.

ISBN 978-89-98933-13-5 (03320)

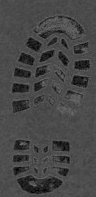

우리는 일본을 닮아가는가

이지평 · 이근태 · 류상윤 지음

LG경제연구원의 저성장 사회 위기 보고서

이와우

추천사

위기의 길목에서

 승승장구했던 우리 경제가 전환점을 맞고 있다. 주력 제조업의 경쟁력이 약화하면서 우리 경제를 일본의 '잃어버린 20년' 초기와 비교하는 사람들이 많아졌다. 우리 경제의 고도성장이 일본의 산업 발전 패턴과 유사하고 인구와 사회 구조 측면에서도 닮은 면이 대단히 많기 때문이다.
 우리가 어떤 사태에 놓여있는지 점검해야 할 시기다. 무엇을 피해야 하고, 또 어떻게 준비할 것인지 고민하는 일은 매우 중요하다. 그렇다고 일본과 같은 장기불황을 숙명처럼 받아들이고 패배주의에 빠져서도 안 된다. 우리나라는 일본과 달리 극심한 버블의 후유증을 겪지 않았다. 일본의 경험을 충분히 되돌아보고 반면교사로 삼을 수도 있다.

이 책은 일본 장기불황에 대한 오랜 연구와 한국경제에 대한 심도 있는 분석을 통해 우리가 처한 경제적 어려움의 본질과 극복 과제들을 제시하고 있다. 일본도 인구고령화의 문제점이나 창조형 경제시스템으로의 전환이 중요하다는 것을 알고 있었다. 그러나 절실하게 느끼고 철저하게 실행하지 못했던 측면이 있다.

우리가 일본 장기불황을 보고 문제의 핵심과 해법을 이해한다 해도 실천에 옮기지 못하고 혁신을 위한 적절한 시기를 놓칠 수 있다. 구조적인 트렌드의 변화에 대한 처방으로서 대증요법(symptomatic treatment, 원인을 제거하기 위한 직접적 치료법과는 달리 증상을 완화하기 위한 치료법)에는 한계가 있고, 참고 견디면 내일에는 상황이 좋아질 것이라는 안이한 대응은 더 큰 화를 초래할 수도 있다. 일본 장기불황의 가장 큰 교훈은 트렌드의 변화를 인지하고 조금이라도 빨리 근본적인 혁신에 매진해야 했다는 것일지도 모른다.

이 책은 경제정책뿐만 아니라 기업과 개인의 관점에서 일본의 경험을 어떻게 활용할지 고민하며 대응 방법을 찾아내고자 노력했다. 본서가 성장 활력 둔화로 고민하는 많은 사람에게 도움이 되고, 나아가 우리 경제 재도약에 작으나마 중요한 기여가 되기를 간절히 소망한다.

김주형 LG경제연구원 원장

들어가는 말

지금 일본의 '잃어버린 20년'을 되돌아봐야 하는 이유

　1990년대 초 자산시장 버블이 붕괴된 이후 일본 경제가 경험한 장기불황을 흔히 '잃어버린 20년'이라고 부른다. 제2차 세계대전 패전국으로서 폐허에 가까운 악환경을 딛고 유례없는 고도성장을 이룬 일본은 1980년대까지만 해도 세계 최강국 미국을 위협하는 경제·산업 강대국이었다. 1970년대 말 출간된 에즈라 보겔의 『넘버원 일본: 미국을 위한 교훈(Japan as Number One: Lessons for America)』은 제목만으로도 당시 분위기를 잘 전달해준다. 일본에 대한 미국의 위기감과 불편함은 스릴러 작품에서도 엿볼 수 있다. 『쥬라기 공원』으로 잘 알려진 작가 마이클 크라이튼은, 1992년 소설 『떠오르는 태양(Rising Sun)』을 내놓았다. 이 작품은 미국 한복판에 진출한 일본 대기업에서 벌어진 살인 사건을 중심 소재로 삼아, 부패한 미국 정치인 및 경찰과 일본 기업의 유착을 그리고 있다. 이 소설은 이듬해 숀 코네리 주연의 영화로 제작되기도 했다.

그런데 돌이켜보면 미국인들, 아니 세계인들이 영화 「떠오르는 태양」을 보며 일본의 부상에 섬뜩해하던 때에 일본 경제는 이미 장기불황의 문턱을 넘어서 있었다. 자산시장 버블의 충격은 1992년에 실물경제에까지 전달됐고, 문제를 가볍게 본 일본정부의 단기적 처방이 이어지는 가운데 경기는 회복 탄력성을 잃어버렸다. 2000년대 초 고이즈미 정권이 들어선 후 과감한 부실채권 처리와 세계경제 호황으로 일본경제가 '잃어버린 10년'에서 벗어난 것이 아니냐는 낙관론이 제기되기도 했지만 10년은 다시 20년으로 늘어나고 말았다.

일본경제의 장기침체는 그동안 우리에게 일본을 따라잡는 기회를 제공했다. 애초에 전기전자산업 등에서 우리 기업을 포함한 신흥국 기업들이 경쟁력을 높여간 것이 일본경제가 어려움을 겪은 주된 요인 중 하나였다. 일본 기업들이 불황 속에서 헤매고 주춤하는 동안 우리 기업은 세계시장에서 일본의 아성을 무너뜨리고 주요 산업에서 글로벌 수위권으로 부상할 수 있었다. 1인당 GDP 격차도 크게 줄어 PPP(구매력평가) 환율로 환산하면 일본과 거의 비슷한 수준에 이르렀다.

하지만 최근 몇 년 동안의 국내 분위기를 보면 '잃어버린 20년'은 더 이상 기회를 의미하는 단어가 아니라 우리에게도 닥칠지 모르는 우려와 공포의 대상이 됐다. 경제부총리가 우리 경제는 "일본형 장기불황의 초입에 있다"라고 경고하는가 하면, 위급 상황에서 생명을 구할 수 있을지 없을지를 가르는 시간을 의미하는 '골든 타임'이라는 말이 여기저기서 들리고 있다. 언론에도 우리와 일본이 매우 유사한 경로를 걷고 있다는 경고가 빈번히 등장한다. 미국의 경제학자 앨리스 앰스덴은 제2차 세계대전 이후 후발 공업국으로서 한국의 눈부신 경제 발전을 높이 평가하며 일본에 이어 한국이 "아시아의 다음 거인"이 될 것이라고 전망한 바 있다(『아시아의 다음 거인: 한국과 후발 산업화(Asia's Next Giant: South Korea and Late Industrialization)』, 1989년). 하지만 거인이 되는 길이 아니라 장기불황의 길을 일본 다음으로 걷게 될 수도 있는 상황이다.

지난 2010년 2월, LG경제연구원은 "일본 경제의 쇠퇴 현상, 한국경제에 경고등"이라는 리포트에서 우리경제의 위기 가능성을 일찍 경고했다. 또한 2013년 5월, "일본형 저성장에 빠지지 않으려면" 등의 리포트에서 우리나라와 일본의 성장 경로는 20년의 시차를 두고 매우 유사하며 일본의 저성장 진입기와 유사한 상황들이 많이 나타나고 있다는 점을 앞장서 지적했다. 그 후에도 LG경제연구원은 계속해서 디플레이션과 소비 침체 등의 현상에 관심을 기울여왔다. 2015년 5월에는 "우리나라 장기침체 리스크 커지고 있다"라는 보고서에서 우리 경제의 잠재성장률이 앞으로 5년간 2.5%, 2020년대에는 1%대까지 떨어질 수 있다고 경고하고 이런 추세에서 벗어나기 위한 정책 방향을 제시했다. 이 책은 그러한 노력의 연장선 위에 있다. 짧은 보고서에 다 담지 못한 이야기들을 책으로 펴냄으로써 다시 한 번 일본 장기불황의 실체를 되새겨보고 앞으로 우리에게 닥칠 수도 있는 상황을 전망하여 장기침체를 막거나 그에 대처하는 데 도움이 되고자 한다.

장기불황의 위협은 비단 정부 당국자들만이 관심을 가질 일은 아니다. 현장에서 경제 활동을 하는 기업과 개인이야말로 불황의 파고를 실제로 넘어야 하기 때문이다. 따라서 우리는 이 책의 후반부를 정책, 기업, 개인의 세 부분으로 나누어 구성했다. 특히 일반적인 경제연구기관들의 보고서가 정책 제언에 초점이 맞추어져 있다면, 이 책은 기업과 개인이 일본의 경험을 어떻게 활용할 수 있을지 고민하고 대응 포인트를 제시하는 데 힘썼다. 이는 그동안 LG경제연구원이 "20년 장기불황 극복해온 일본 중소기업 무엇이 달랐나"(2015년 4월) 등 기업과 개인의 관점에서 연구를 축적하고 리포트를 작성해왔기에 가능했다. 덕분에 이 책은 일본 장기불황에 대한 많은 저서 및 논문과 차별화될 수 있었다.

책의 목차와 내용을 보면 금방 알 수 있겠지만 장기불황이 닥쳤을 때 기업이 취해야 할 대응책은 지금까지와는 완전히 다른, 새로운 것이 아니다. "인플레이션 시대에는 물건이 부족해서 물건을 만들기만 하면 팔렸다. 가령 팔리지 않더라도 값을 내리면 팔렸다. 그런데 디플레이션 시대를 맞은 지금은 좋은 것이 아니면 팔리지 않는다. 싸도 팔리지 않는다"라는 어느 일본인 경영자의 말처럼, 불황기의 특징은 도전의 크기 자체가 훨씬 커진다는 것이다. 따라서 응전 역시 훨씬 더 과감하고 강도 높게 이루어져야 한다. 이 책에 실린 다양한 기업 사례들을 통해 불황기 시련의 크기를 대리 체험하고 그저 만만하게 대응해서는 안 된다는 각오를 다져주시기를 독자인 기업 관계자들에게 부탁드린다.

그나마 기업들은 앞으로 닥칠 저성장 시대에 대비하고자 노력하고 있는 반면, 많은 개인들은 언론에서 내놓는 우울한 전망에 답답해할 뿐 어찌할 줄 몰라 하고 있다. 이 책에서는 장기침체를 현장에서 겪은 일본인들의 경험을 토대로 자산 운용과 개인의 인적자본 축적이라는 관점에서 여러 가지 대응책을 제시한다.

장기불황이라는 거센 파도 앞에 많은 일본인들이 적절히 대응하지 못하고 어려움을 겪었다. 변변한 직장을 구하지 못해 파트타임이나 아르바이트로 생계를 이어가는 프리터(Freeter)족, 학교는 마쳤으나 일자리를 구하지 못해 마침내는 노동 의욕을 잃고 구직도 하지 않는 니트(NEET)족이 그 대표적인 예다. 그런가 하면 또 일부는 지속되는 경기침체 속에서도 자신만의 해법을 통해 불황을 기회로 삼기도 했다.

　물론 책의 곳곳에서 지적하고 있듯이 과거 일본과 현재 우리나라가 처한 상황은 차이가 있고, 일본의 경험을 우리에게 직접 대입할 수는 없다. 하지만 장기불황기를 직접 겪은 일본인들의 생생한 사례를 토대로 혹시라도 우리 경제가 장기침체에 진입했을 때 닥쳐올 혼란을 다소나마 줄이고 대안을 찾는 노력이 필요하다. 이 책이 그러한 노력에 힘을 보태어 주기를 바란다.

차례

추천사: 위기의 길목에서 — 4
들어가는 말: 지금 일본의 '잃어버린 20년'을 되돌아봐야 하는 이유 — 6

1장 · 일본의 잃어버린 20년을 읽다

저성장 시대의 서막 — 17
불황은 어떻게 장기화됐는가? — 25
엔고 현상과 추락한 수출경쟁력 — 32
인구고령화의 그림자 — 43
중앙에서 지방으로, 대기업에서 중소기업으로 — 49
끝이 보이지 않는 게임 — 55

2장 · 지금 우리는 어디에 있는가

오늘의 우리에겐 20년 전 일본이 있다? — 63
우리에겐 자산시장 버블이? — 66
핵심은 생산성! — 72
일본보다 더 빠르게 늙어간다 — 89
디플레이션의 위협 — 103
악화되는 불안 심리가 경제회복의 걸림돌 — 109

3장 · 장기불황을 심화시킨 정책 오류의 교훈

낙관주의의 함정에 빠지다 — 119
10년이나 걸린 부실채권 처리 — 125
일본의 재정 재건 노력이 시기를 놓친 이유 — 129
갈 길 먼 노동개혁 — 132

기득권과의 충돌도 감내하는 리더십이 필요하다	- 135
뒷북친 통화정책	- 137
내수 확대 프로젝트?	- 141
되돌리지 못한 인구구조 변화	- 146
그래도 꼭 배워야 할 것들	- 152

4장 · 어떻게 돌파할 것인가

장수기업이 무너진다	- 165
성공방정식의 변화	- 173
소비 트렌드 변화에 대비하라	- 180
개인적인 만족에 집중하라	- 185
단순한 저가전략은 성공하지 못한다	- 190
불황도 이기는 소프트 가치	- 193
글로벌시장에 살 길이 있다	- 198
작은 변화로는 살아남기 어렵다	- 208
그래도 일류는 통한다	- 219

5장 · 새로운 경제위기를 맞이하는 개인의 자세

위기의 순간, 가장 무서운 건 채무!	- 239
빠른 결혼이 해답일 수도 있다	- 244
금융자산과 실물자산의 균형을 맞춰라	- 248
부동산투자는 차별화와 기획·관리 능력이 중요하다	- 258
전문성을 가지고 트렌드 변화에 유연하게 대처하라	- 263
미래의 인재상에 대비하라	- 266
제2의 인생과 일을 준비하라	- 273

마치는 말: 우리에겐 창조적 파괴가 필요하다	- 281

1장

일본의 잃어버린 20년을 읽다

저성장 시대의 서막

일본 경제의 잃어버린 20년은 버블 붕괴와 함께 시작됐다. 장기 불황은 여러 가지 요인들이 복합적으로 작용해 지속됐는데, 그중에서도 1980년대 후반에 발생했던 거품이 1990년대 초에 붕괴한 것이 직접적인 계기로 작용했다. 버블 붕괴의 후유증이 1990년대 이후 일본 경제의 성장을 제약한 것이다.

일본 경제는 플라자합의(1985년 9월 22일, 미국의 달러화 강세를 완화하기 위해 미국, 영국, 독일, 프랑스, 일본의 재무장관들이 맺은 합의)를 맺은 지 약 1년 후 우려와 달리 호황을 맞았다. 1986년 11월부터 1991년 2월까지 연속 51개월 동안 확장세를 기록한 이른바 '헤이세이' 경기는 당시로서는 제2차 세계대전 이후 두 번째로 긴 초호황기였다. (첫 번째는 1965년 10월부터 1970년 7월까지 연속 57개월 동안 확장세를 기록한

'이자나기' 경기다.) 이 사이에 심각한 자산 버블이 발생했는데, 특히 1989년 이후에 부동산과 주식의 거품이 커져 자산 양극화가 사회적 논란이 됐다.

버블 발생의 계기는 1985년 플라자합의 이후 1달러당 240엔에서 1988년 125엔까지 급격한 엔고를 기록하면서 일본정부가 대대적인 내수 확대 정책을 전개한 데 있다. 일본정부는 대규모 재정확대 정책과 금융완화 정책을 실시하는 한편 '마에카와 리포트(전 일본은행 총재인 마에카와가 주도해 정리한 내수 확대 정책 제언)'를 통해 대폭적인 내수부양을 국제적으로 선언하고 리조트개발 등에 매진했다. 이러한 정책들뿐만 아니라 막대한 무역수지 흑자와 엔고에 힘입은 일본 경제의 국제적 위상 상승은 일본 국민들이 경기를 낙관하게 만드는 데 큰 영향을 끼쳤다.

한편에선 자산가격의 거품을 우려하는 목소리도 나오기 시작했으나, 1987년 블랙먼데이로 인해 미국 증시가 불안을 보이자 정치권에서 일본은행에 금융완화를 지속하라는 압력이 높아졌다. 그 결과 금리 인상 등의 긴축정책 시행이 늦어졌고 자산 버블은 더욱 커져버렸다. 1989년 12월 말에는 닛케이주가지수가 1985년 9월 대비로 약 3배 상승한 3만 8,915엔을 기록했는데, 버블 붕괴 직전 일본 주식의 평균 PER(주가수익률, 주가/1주당 순이익)이 60배를 넘었다. 이는 당시 한 주식의 주가가 평균적으로 향후 60년 이상의 이

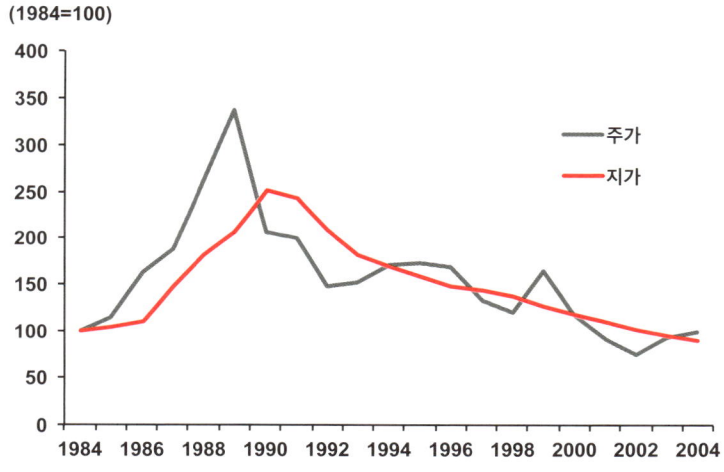

그림 1 일본 부동산 가격과 주식가격의 변화 추이

주: 주가는 닛케이지수 기준, 지가는 3대 도시권 전체 용도 기준.
자료: 닛케이, 국토교통성.

익을 반영한 가격 수준까지 급등했다는 뜻이다. 닛케이평균 PER가 2015년 12월 1일 현재 20.8, 한국의 코스피가 13.6인 점을 고려하면 버블 당시의 PER 60배는 대단히 과대평가됐다고 볼 수 있다.

또한 1990년의 토지가격은 1985년 대비 약 2.4배까지 높아졌다. 일본 내각부가 발표한 국민경제계산 통계 기준에 따르면 당시 일본 내 전체 토지가격은 약 2,456조 엔으로, 이는 미국 전체 토지가격의 약 4배나 된다.

1989년부터 급증한 땅값에 대한 비난이 강하게 쏟아졌고, 투기

수요로 인한 높은 매입경쟁률로 인해 실수요자들은 주택을 구입할 기회를 잃었다. 도쿄의 서민 아파트 가격이 일반 샐러리맨 연봉의 9배 정도로 상승해 점차 서민들의 원성이 높아졌다. 특히 토지사용권이 강조되는 일본 현실에서 대규모 개발을 진행하기 위해 개발자가 임차인을 쫓아내려고 '지아게야(땅 투기꾼)'라는 야쿠자 조직과 손을 잡고 임차인의 가게를 파괴하거나 오물을 던지는 등 행패를 부려 사회적 이슈가 되기도 했다.

당시 일본계 금융회사들은 부동산 담보가치를 부동산 시가의 100%에서 120%까지 늘려 부동산 융자를 확대했다. 부동산 투기꾼이나 일반기업, 중소사업자, 부동산 소유 상인들까지 융자를 끌어다 써 부동산을 늘린 후 그 부동산의 가격상승 차익(장부상의 미실현 자산 이익)을 활용해서 부동산을 추가 매입하는 행태를 보였다. 그 결과 일본 기업과 가계의 부채는 1986년부터 1990년까지 5년 동안 연평균 각각 142조 엔(비금융 법인), 25조 엔(가계)씩 급증했다. 1990년 비금융 법인의 순부채는 636조 엔까지 늘어났다.

비난 여론이 거세지자 일본은행과 일본정부는 이를 등에 업고 자산 버블을 꺼트리는 작업에 들어갔다. 일본은행은 1989년 5월부터 1년 3개월 사이에 다섯 번 연속으로 금리를 인상해 당시 2.5%로 최저 수준이었던 재할인금리(당시의 대표 정책금리)를 6%대까지 올렸다. 그 결과 통화량 증가율은 1990년 11.7%에서 1991년

3.6%, 1992년 0.6%로 급락했다. 돈줄이 막히자 부동산 대출도 어려워졌다.

이 과정에서 가장 먼저 거품이 터진 곳은 주가였다. 당시 주가, 채권가격, 엔화 가치가 함께 하락하는 삼중 하락 현상이 나타났는데, 이것은 투자자금이 일본 내 다른 자산에 대체투자되지 않고 해외로 빠져나가는 현상을 반영한 것이다. 버블과 자산 인플레이션을 우려한 투자자금이 해외로 이탈한 셈이다. 특히 금융자유화와 함께 일본시장에 진출한 외국계 증권사들이 주식 매도에 열중해 증시 하락세를 직접적으로 주도했다. 일본계 증권회사의 방어에도 불구하고 거품이 쌓였던 일본 증시의 하락세는 이어졌다. 닛케이주가는 1989년 3만 8,915엔에서 급락해 1992년 8월 18일 1만 4,309엔까지 폭락했다. 일부 부실 금융상품에 투자했던 기업들도 주식투자 실패로 어려움에 처했다.

주가에 비해 토지가격은 상승세가 이어졌고, 일본정부는 보다 강경한 버블 대책을 강구하기에 이르렀다. 1990년 3월 대장성(지금은 재무성과 금융청으로 분할)의 은행국장 지령 형태로 '부동산융자 총량규제'가 도입됐다. 지가세 창설, 고정자산세(우리의 재산세에 해당)의 과세 강화, 토지거래신고제 강화, 특별토지보유세 강화, 부동산양도소득 과세 강화, 토지 취득을 위한 이자분을 기업 손익 산정 시 불인정 등 포괄적인 버블 대책이 추진됐다.

한 '버블 신사(거품경제기에 토지 투기로 막대한 차익을 챙긴 사람들을 일컫는 말로, 일부는 버블 붕괴 후 몰락했다)'는 "금융기관들이 계속 대출을 받으라고 하다가 하루아침에 태도를 바꿨다. 대장성 관료는 일본의 부동산가격을 수십 %나 무조건 떨어뜨린 후 충분히 소프트 랜딩(soft landing, 연착륙) 할 수 있다고 자만했다. 당시에 이것은 오만하고 위험한 처사라고 생각했다"라고 회고했다.

일본에서 버블 붕괴가 심각했던 것은 자산가격이 하락세로 반전된 후 시장에서 하락 방향의 오버슈팅(over-shooting) 현상이 작용했기 때문이다. 부동산가격이 경제적으로 합당한 수준으로 낮아진 후에도 하락세가 멈추지 않고 폭락세가 이어져 각 경제 주체들의 어려움을 가중시켰다.

자산가격이 지속적인 하락세를 보인 것은 금융긴축과 투자 심리의 위축으로 실수요가 감소한 상황에서, 거품경제기의 끝 무렵에 착수한 부동산개발 프로젝트로 인해 공급이 늘어나 수급 불균형이 발생했기 때문이다. 마치 대공황기에 완공된 미국 뉴욕의 엠파이어 스테이트 빌딩이 수십 년간 공실을 채우지 못해 '엠프티 스테이트 빌딩(Empty State Building)'이라는 별명을 얻은 것처럼 말이다. 당시 일본에서는 완공된 빈 빌딩이나 완공 전 상태로 방치된 흉측한 구조물들을 '버블의 탑'이라고 부르기도 했다.

버블을 조장한 투기 세력들이 줄지어 파산하자 처음에 일본 국

그림 2 일본 경제성장률 추이

- 1990년대 초의 장기불황 진입 초기에는 성장률 수준이 높아서 약 2~3년간 문제의 심각성을 깨닫지 못함.
- 순환적 경기회복이 거듭됐으나 저성장이 장기화되면서 각 경제 주체들의 비관론이 확산.

자료: 일본 내각부 데이터를 바탕으로 작성.

민들은 크게 환영했다. 미에노 전 일본은행 총재를 '버블 제거의 해결사'라고 부르며 국민적 영웅으로 대접하기도 했다. 그러나 일본 경제의 침체가 장기간 이어지자 그는 장기불황의 주범이라는 비판을 받았다. 일본 경제의 성장률은 버블의 붕괴에도 불구하고 1990년 5.3%, 1991년 3.4%로 건실한 성장세를 기록했기에 처음에는 그 심각성을 알아차리지 못했으나, 1992년 성장률이 0.9%로 급락하자 여론과 함께 일본 정책 당국도 문제점을 인식하게 됐다.

1990년대 당시 일본으로서는 버블을 사전에 억제하고, 버블이 붕괴될 시점에서는 과감하게 금융완화에 나서야 했지만 발생 이전에는 예측하지 못했다. 실물경제에 비해 선행하며 움직이는 자산시장의 버블은 일본뿐만 아니라 미국이나 중국에서도 어려운 문제다. 이러한 어려움 때문에 2000년대 미국 주택 버블 때, FRB(미국 연방준비제도 이사회)의 그린스펀 전임 총재는 "버블은 터지고 나야 버블임을 알 수 있기 때문에 자산시장을 고려한 선제적 금융긴축은 하지 않겠다"라는 입장을 보이기도 했다.

불황은 어떻게 장기화됐는가?

역사적으로 시장경제 메커니즘에서는 호황과 불황을 반복하는 경기순환이 되풀이되어 왔다. 자본주의는 이러한 경기순환을 거듭하면서도 계속되어 왔는데, 경기순환은 주기성과 함께 경제회복을 수반했기 때문이다. 불황이 닥쳐도 이윽고 경기가 살아났기에 기업인과 정치가, 그리고 서민들은 마치 추운 겨울을 견디는 식으로 불황을 참으면 다시 경기가 회복될 것이라 기대할 수 있었다.

경기순환 과정을 살펴보자. 불황이 닥치면 상품이 잘 팔리지 않아 재고가 쌓인 기업은 부도를 내고, 금융기관은 위축되고, 실업자가 늘어나고 제품가격이 떨어진다. 하지만 과잉공급 능력이 조정되면서 조금씩 수요가 살아나는 패턴을 보인다. 전형적인 경기순환 과정은 호황기의 과도한 생산 능력이 조정되고 생산성이 떨어지는 공급자가 퇴출되면서 신기술에 기초한 생산성 높은 공급자가 중심이 되어 경기회복을 이끄는 것이다. 즉, 경기순환은 초과공급을 조정하면서 기업의 신진대사를 촉진해 시장경제의 다이너미즘(dynamism)을 부활시키는 데 중요한 역할을 한다.

그러나 일본의 장기불황은 전형적인 경기순환과 다른 양상을 보였다. 1990년대 이후 일본에서도 불황 국면과 호황 국면의 경기순환이 있었던 것은 사실이다. 그러나 경기회복 국면이 짧거나 제대로 경기회복을 실감할 수준에 도달하지 못했기 때문에 각 경제 주체들은 장기적으로 일본 경제가 정체되기만 한 것으로 느꼈다.

사실 정상적인 회복을 실감하지 못한 경기순환 과정을 겪은 것은 일본 장기불황이 처음은 아니다. 1873년에서 1896년까지 약 23년간 계속된 영국을 중심으로 한 대불황, 1929년에 뉴욕 주가 대폭락으로 야기된 대공황 등이 있었다. 대공황 당시 미국의 실업률은 25%로 상승했고 소비자물가의 하락률(1929~1933년)도 20%를 넘는 등 극심한 디플레이션을 보였다. 이 디플레이션이 세계적으로 확산되면서 금융기관의 부도가 속출하고 원자재가격도 급락했다. 브라질에서는 재고가 쌓인 커피를 바다에 버리는 일이 있었고, 뉴욕의 고층 빌딩에서 임원들이 투신자살하는 일이 잇따라 발생해 의자를 던져도 깨지지 않는 강화유리가 보급되는 계기가 됐다. 이러한 대공황과 비교하면 일본의 장기불황은 사회의 안정성을 유지하고 디플레이션도 상대적으로 완만했다는 특징이 있어서 1870년대에 시작된 영국의 대불황과 유사하다고 볼 수 있다.

1870년대 이후 영국이나 1990년대 이후 일본의 장기불황은 특히 기업과 산업의 신진대사라는 관점에서 이전에 볼 수 없었던 특징이 나타났다. 일본은 1980년대 후반에 막대한 경상수지 흑자를 기록하고 미국 채권에 막대한 자금을 투자하는 등 해외투자를 늘려 세계 최대의 순채권 국가로 도약했다. 영국의 경우도 1870년대에 산업자본의 발전에 기초한 성장 패턴에서 벗어나 점차 해외투자 대국으로서의 면모를 갖췄고 많은 해외투자 수익을 거뒀다.

일본과 영국은 순채권 국가로서 지위를 강화함으로써 한편으로 보면 금융긴축 등의 외부 충격을 완화하는 힘을 갖게 됐다고 할 수 있다. 경기후퇴에 따른 신용축소로 자금이 부족해지면 채권자는 자신이 보유한 채권을 자금으로 교환하면서 필요 자금을 충당할 수 있다. 세계 최대의 채권국이 된 일본은 불황이 장기화됐음에도 불구하고 금융적인 여유를 활용해 산업에 대한 구조조정 압력을 상대적으로 막을 수가 있었다. 이로써 일본의 장기불황은 극심한 사회불안을 야기할 정도로 심각하지는 않았으나 바로 이 때문에 구조혁신이 지연되어 결국 불황이 더욱더 장기화됐다.

이는 마치 개구리가 뜨거운 물에 빠지면 위기를 느껴 바로 도망

그림 3 일본 장기불황의 전개 및 확산 패턴

	대차대조표 불황	부실 확산, 자신감 상실	중장기적 쇠퇴 압력
위기 상황	- 부동산·주식 등 자산 가격의 급락 - 부실채권 누적으로 신용창조력 저하→수요 위축→자산가격 하락→부실채권 누적의 악순환	- 저성장 장기화로 부실기업이 부동산에서 유통, 제조업으로 확산, 디플레 현상 발생 - 잠재력 이하 성장세 지속으로 심리적 위축, 투자 위축으로 잠재성장력 하락(hysteresis effect)	- 공적자금 본격 투입 효과로 부실채권 문제 점차 해결 - 저출산·인구고령화, 제조업 공동화 등 장기 구조적 문제 악화로 저성장 지속
정책 대응 패턴	- 통상적인 경기 부양책 · 재정 확대 · 금융완화 - 금융부실 처리 위한 공적자금 투입에 부정적	- 1997년 아시아 통화위기, 대형 금융기관 파산 등 위기 상황에 빠지자 2000년대 들어서 공적자금 투입 결정 - 산업재생법 통해 금융과 산업의 동시 회생 모색	- 금융부실 해결 후 중장기 성장 잠재력 제고로 정책의 중점 이동 - 저출산 대책, 산업 고부가가치화 대책 효과 미진

자료: 이지평·이혜림, 미국·유럽 일본 경제 전철 밟을까, LG Business Insight, 2011.11.02.

가지만 미지근한 물에서 점점 온도를 올리면 결국 그 변화를 느끼지 못하고 있다가 죽어버리는 상황과도 같다. 일본은 버블 붕괴 초기부터 거론됐던 매우 기본적인 대응책들(예를 들면 부실채권과 부실기업의 신속한 처리)을 계속해서 미루며 스스로 무너졌다고 해도 과언이 아니다.

한편 일본 불황 초기에는 버블 붕괴, 금융정책의 실패 등의 영향이 컸지만 경기 침체가 20년 이상 지속되는 과정에서 핵심적인 요인과 양상이 변해갔다.

1990년대 초에는 부동산 버블이 붕괴되고 은행 부실채권이 누적되면서 신용창조력이 떨어졌다. 각 경제 주체들은 신용 제약 조건 하에서 투자와 소비에 임하고 있는데, 보유자산의 가격이 급락하면 대차대조표의 반대쪽인 채무를 줄여야 한다. 이러한 채무의 삭감은 소비, 투자, 대출을 줄이는 축소 지향의 경제적 결정을 유도해 경제 전체를 위축시킨다(대차대조표 불황(balance sheet recession)). 그리고 이러한 경제적 위축은 다시 자산가격을 하락시키기 때문에 각 경제 주체들의 축소 지향성이 계속되는 악순환이 발생하고 마는 것이다.

예컨대 일본은행들은 버블 붕괴 초기에 예상했던 부실채권 규모가 경기 악화로 계속해서 확대되는 악순환을 겪어야만 했다. 대차대조표 불황의 결과 버블 붕괴 초기에는 부동산 관련 기업만이 문제였던 것이 관광, 유통업, 제조업 등으로 기업부실화가 확산됐다. 버블 붕괴 초기에는 상대적으로 양호했던 개인 주택융자 부분도 경제 위축과 함께 부실이 심화됐다. 부실화 문제가 일본 전체에 전이 및 확산되면서 경제를 장기간 위축시켰다.

이러한 악순환 과정에서 일본 경제는 1990년대 중반 이후 심리적 위축 현상이 뚜렷해졌다. 대차대조표 불황에 의해 저성장이 계속되면 각 경제 주체들이 경제에 대한 믿음을 상실해 실제성장률도 하락하는 이력 효과(hysteresis effect)가 발생한다. 경제 주체들의 기대는 과거의 경험에 좌우되기 때문에 수년 동안 경제가 부진하면 실제 경기가 객관적인 잠재성장률 이하로 축소되는 현상이 발생하게 된다.

일본 경제는 심리적 위축에 따른 이력 효과와 함께, 실제성장률과 잠재성장률의 격차 장기화 등도 겹쳐 1999년 이후 소비자물가가 하락하는 디플레이션에 빠졌다. 자본, 노동, 기술 등 한 나라의 생산요소를 모두 가동했을 때의 잠재성장률에 비해, 그때그때의 수요에 의해 좌우되는 실제성장률이 계속 낮은 수준을 유지하면 수요에 비해 공급이 넘치는 상황이 계속되고 물가 하락 기대 심리가 고착될 수밖에 없다. 물가가 하락해도 차입금은 그대로이기 때문에 채무자의 실질 채무 부담은 늘어난다. 한 번 디플레이션에 빠지자 채무자의 파산 증가와 자산가격 하락의 악순환으로 일본 경제는 더욱 위축됐다.

일찍이 대공황을 연구한 존 메이너드 케인스는 공포감 자체의 심각성을 강조한 바 있다. 공포감을 억제하기 위해서라도 정부의 경제정책이나 비전 제시가 중요한데, 일본의 경우 재정 확대, 금리 인하 등 기존의 거시경제정책을 시행하는 데 그쳤고 결과적으로 큰 효과를 거두지 못했다. 대차대조표 불황으로 각 경제 주체들의 구조에 문제가 있는 상태에서는 아무리 경기를 부양해도 그 효과는 일시적인 것에 그친다. 마치 연탄이 젖어 있거나 보일러가 고장나는 등 구조적 문제가 있는 상황에서 아무리 번개탄을 태워도 온돌방이 전혀 따뜻해지지 않는 것과 같은 상황이었다.

엔고 현상과
추락한 수출경쟁력

　주식과 부동산 버블의 붕괴로 시작된 일본의 장기불황 초기에는 부동산업체나 부동산 투기에 주력했던 유통업체, 리조트개발 사업자, 건설업체 등이 어려움을 겪었다. 그러나 경제성장 정체가 장기화되고 디플레이션과 엔고의 악순환이 진행되면서 1980년대 말에 세계 최강이라고 찬사를 받았던 제조업도 어려움을 겪기 시작했다.

　장기적으로 보면 환율은 양국 간 물가 수준의 균형을 맞추는 방향으로 움직이기 때문에 일본의 물가가 계속 하락하고 미국과의 물가상승률 격차가 발생하면 엔화가 강세 압력을 받을 수밖에 없

그림 4 엔화와 일본 기업의 설비투자액 추이

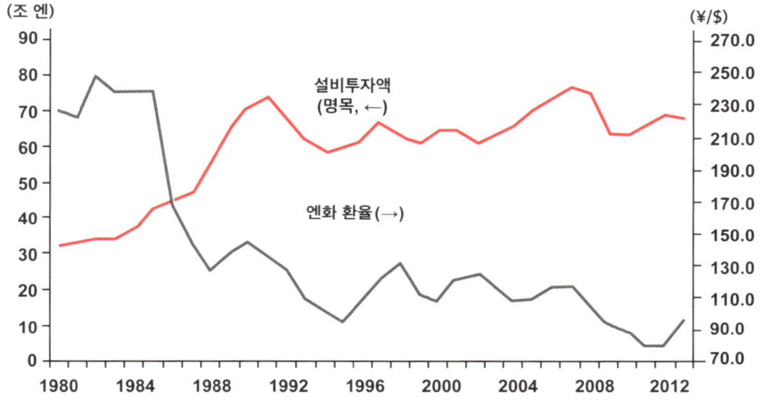

자료: 일본 내각부, FRB.

다. 게다가 내수가 위축되어 수입수요가 부진을 보이자 경상수지 흑자가 누적되는 불황형 흑자가 이어졌기에 경제가 부진한데도 불구하고 엔고가 지속됐던 것이다.

급격하게 진행된 엔고로 인한 임금과 생산성의 변동으로 일본 산업의 수출경쟁력이 하락하자 기업의 투자 심리도 악화돼 설비투자가 위축됐다. 일본 기업은 엔고에도 불구하고 1990년대 초까지 투자를 늘려왔으나, 이후 엔고기에 수익이 급격히 떨어지는 패턴이 반복되자 점차 투자 의욕을 상실했다. 그림 4에 나와 있듯이 일본 기업의 연간 설비투자액은 20년 이상 60조 엔 수준으로 정체됐

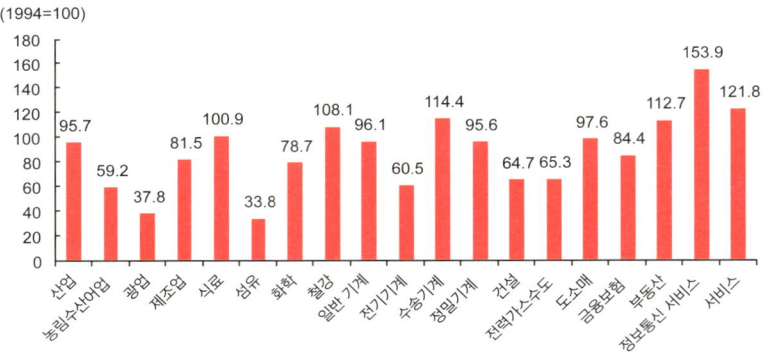

그림 5 산업별 총생산(GDP) 증가 및 감소 비교
- 산업별 부가가치(명목) 변화(2013/1994)

주: 철강은 1994~2012년 기준임.
자료: 내각부 국민경제계산연보.

다. 엔고에 따른 비용 상승을 생산성으로 메울 수 없는 수준까지 엔고가 진행되어 일본 기업의 부담으로 작용한 것이다. 일본 기업의 설비투자 위축은 기존 산업의 경쟁력 약화와 함께 신성장 산업을 육성해나가는 데 부정적으로 작용했다.

설비투자 위축으로 인한 경쟁력 약화와 일본 경제의 성장세 억제 효과로 인해 일본 제조업은 더욱 악순환에 빠져 생산과 수출이 위축됐다. 이와 함께 아시아 각국의 제조업이 급성장하면서 수출시장과 내수시장에서 일본 산업과의 경쟁이 심해지자 일본 기업들 역시 점차 생산거점을 해외로 이전했고 일본 내 제조업 생산기반은 급속히 약해졌다.

그림 5를 보면 일본 제조업의 부가가치가 20년 동안 약 20% 감소했음을 알 수 있다. 산업별로는 전기기계와 섬유가 부진했으며, 수송기계와 철강이 상대적으로 건실한 움직임을 보였다. 이 결과 1996~2012년 사이에 일본 제조업의 사업소 수는 15만 개 이상, 종업원 수는 267만 명이나 감소해 공장지대의 지역경제는 커다란 충격을 받았다. 특히 전기전자는 경쟁력 약화와 함께 디플레이션으로 인한 가격 하락으로 명목 부가가치가 크게 하락하는 어려움을 겪었다.

추락한 수출경쟁력

한때 세계를 긴장시킨 일본 수출산업의 활력도 장기불황과 함께 급속히 떨어졌다. 아베노믹스가 발족한 후 엔화 환율이 2012년 하반기 1달러당 80엔 수준에서 2015년 말 120엔 전후로 30% 이상 절하됐는데도 일본 수출 물량이 거의 늘지 못한 것은 장기침체 기간에 일본 제조업의 기반이 쇠약해졌기 때문에 나타난 현상이다.

주요 제조업의 수출경쟁력을 나타내는 무역특화지수를 계산해 보면 대부분의 산업에서 수출 우위성이 떨어진 것으로 나타난다. 특히 전기기계는 자동차산업에 비해 수출경쟁력 하락세가 급격한

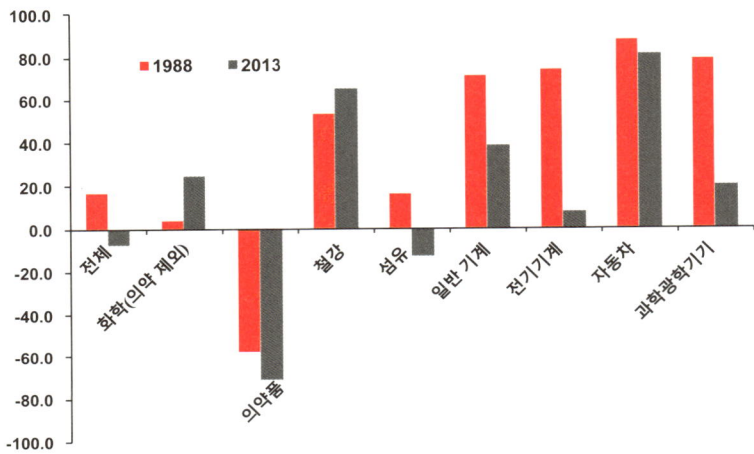

그림 6 일본의 수출산업별 무역특화지수 변화

주: 무역특화지수는 (수출-수입)/(수출+수입)×100으로 계산.
100이면 완전 수출특화, -100이면 완전 수입특화.

실정이다. 중전기기는 상대적으로 경쟁력을 유지하고 있으나 영상·음향 기기, 전자부품, 통신기기 등의 수출경쟁력이 뚜렷이 낮아졌다. 일본 휴대폰산업의 약화로 통신기기의 수입이 급증세를 보이면서 전기기계 전체의 수출경쟁 우위성이 약화되고 있다.

일본 전자산업은 엔고로 TV와 가전 등 완성재의 수출 경쟁력이 떨어지자 부품 분야를 특화하고 완성품을 수입 조달하는 식으로 변화했다. 이는 글로벌 경쟁 환경을 감안해 단기적으로 최적의 대응책을 추구하겠다는 것이었지만, 그 결과 중장기적인 제품 이노베이션의 기회가 감소했고 결국 전자 부품 자체의 수출경쟁 우위성도 점차 약해졌다.

화학, 철강 등 소재 산업의 경우도 화학의 기초소재인 에틸렌 생산시설의 축소, 철강재 생산 기반의 해외 이전 등으로 수출 부진이 지속되었다. 사실, 두 산업의 2013년 수출금액(계약통화 기준)은 과거 최대 수출 실적 대비 화학이 8.3%, 철강이 15.7%나 각각 적은 실정이다.

의약품 등의 정밀화학은 역시 아직까지 부진이 지속되는 실정이며, 인구고령화와 함께 수입이 급증하면서 수입특화 정도가 더욱 커지고 있다. 2013년 의약품 분야의 무역적자가 183억 달러를 넘는 등 국제수지에도 부담이 될 정도다. 정밀화학의 국제경쟁력 면에서 구미 각국에 대한 일본의 캐치업(catch-up)이 충분한 성공을 거두지 못한 것이다. 제품 이노베이션 노력이 성과를 거둔 자동차, 정보전자 소재, 친환경 소재 등의 특수 소재가 그나마 선방하면서 수출경쟁력을 유지하고 있는 상황이다.

글로벌 트렌드 변화에 둔감
–

일본 제조업의 수출경쟁력이 전반적으로 하락한 데는 제조업의 글로벌한 트렌드 변화도 작용했다. 원래 일본 제조업은 1908년에 생산을 시작한 미국의 T형 포드차로 대표되는 규격화된 단순 모델의 대량생산 시스템을 혁신하면서 고품질 다품종 유연생산 시스템을 통해 1970년대부터 세계시장을 석권해나갔다. 그러나 일본의 다품종 유연생산 시스템을 미국뿐만 아니라 아시아 신흥국들이 모방한 데다 2000년대에 들어서면서 IT와 제조업의 융합화가 진행되면서 일본의 세밀한 가공 노하우가 빛을 잃었다.

반도체의 집적도 향상 등 IT 부문의 비용 절감으로 각종 설계의 자동화, 설계 정보의 글로벌한 교류 촉진, 각종 자동화기계의 비용 절감과 정밀도 향상 등이 이루어져 제조업 기반기술 분야에서 일본 기업 고유의 노하우와 기술력의 우위성이 약해진 것이다. 예를 들면 중국 금형산업의 경우 고도로 숙련된 기술자 없이 컴퓨터를 통한 설계와 자동화된 제조기계를 활용하여 2000년대 이후 급속도로 품질을 향상시켰다. 이는 다양한 중국 제조업의 경쟁력 향상에 기여했다. 전 세계적으로 각종 전자기기 분야에서 제품 구조 자체의 모듈화가 진행되어 조립공정 자체가 단순화되고(그림 8 참고) 소프트웨어의 중요성이 높아졌다. 반면 일본 기업은 세밀한 제조 능력을 통해 차별화를 인정받기가 어려워졌다.

제조업의 IT화와 글로벌화를 통한 제조 시스템의 혁신은 전자 분야에서 선행적으로 진행됐다. 따라서 일본 전자산업은 자동차산업

그림 7 소니 워크맨의 복잡한 기계 부품 구조

그림 8 애플 아이팟 나노(iPod nano)의 단순화된 모듈 구조

자료: iFixit.

에 비해 보다 빠르게 수출경쟁력이 떨어졌다. 특히 TV 등 모듈화가 진행된 분야에서 일본 기업의 경쟁력 약화가 심화됐다. 반면 모듈화나 자동화에 아직 한계가 있어서 고도의 숙련 기술자에 의존하고 있는 중전기기는 상대적으로 수출 우위성을 유지하고 있다.

세계수출시장에서 중국의 급속한 부상과 함께 일본뿐만 아니라 미국 등 선진국의 수출점유율도 하락하고 있으나 일본의 하락세가 가장 뚜렷하다. 미국은 IT혁명에 대응한 수출산업의 경쟁력 강화로 인해 2000년 초반 이후에는 세계수출시장 점유율의 하락세가 둔화되고 있다.

신흥시장의 부상이라는 세계경제구조의 변화에 대한 대응이 지연된 것도 일본 수출 부진의 원인으로 작용했다. 세계경제에 있어서 신흥국이 차지하는 비중은 높아지고 있으며, 세계경제성장 기여율 측면에서 보면 신흥국이 2000년대 초반에 선진국을 능가해 최근에는 2배 이상의 격차가 나고 있다.

일본은 오랫동안 선진국을 중심으로 수출을 해왔다. 2000년대 이후 신흥국 비중이 높아졌지만 우리나라와 비교할 때 신흥국시장 비중의 상승이 더디다. 상대적으로 성장세가 빠른 신흥국시장에 대한 일본의 수출 비중이 크게 높아지지 않아서 그만큼 수출 확대에 불리하게 작용한 측면이 있다.

일본 각지에는 기술적 강점을 가진 중견 및 중소 기업이 많지만

그림 9 세계수출시장 점유율 비교

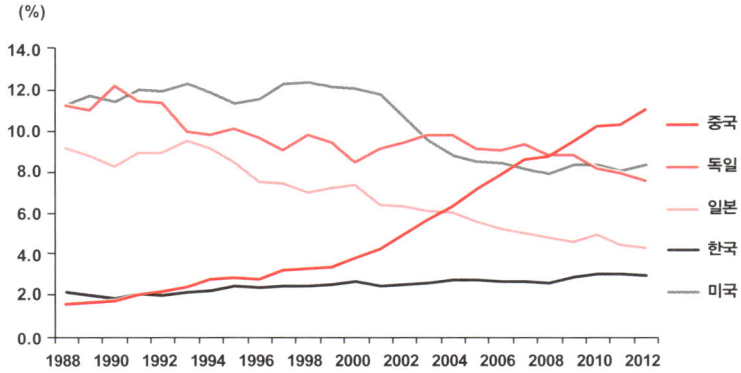

자료: WTO Database.

이들은 거대한 일본 내수시장에 안주해, 적응하기가 어려운 신흥국 등의 수출시장 개척에 상대적으로 적극성을 보이지 않았기에 점차 경쟁력을 상실하고 있다. 수출에 계속 매진했던 중소기업은 수출 확대 및 글로벌화 과정에서 생산성이 더욱 높아졌지만 내수형 기업은 생산성이 정체 내지 하락하면서 생산성 격차가 확대되었다. 과거에 수출 잠재력을 가졌던 일본 기업들이 수출을 포기하고 내수에만 치중하다가 경쟁력이 떨어지고 지속되는 내수침체까지 겪다가 위기를 맞는 사례가 빈번했다.

일본은 오랫동안 아시아의 고립된 공업국가였다. 따라서 소재, 부품, 조립 과정을 일본 내에서 원세트(One-Set)형으로 갖추고 일본 내부 조달 비율이 높아서 수출의 부가가치가 우리나라에 비해 높은 편이다. 하지만 이러한 내부 지향성이 일본 기업의 글로벌 경영을 제약하는 족쇄가 되고 말았다. 일본의 원세트형 제조업의 경쟁력이 최고조에 달한 1990년대 초반 이후 한국, 중국 등의 아시아 국가에서 제조업이 부상했지만 일본 제조업은 세계 제조업의 환경 변화에 발 빠르게 대응하지 못했다. 결국 세계 시장에서 점유율이 꾸준히 낮아졌으며 2000년대 이후에는 중국제품 수입 급증 등 내수시장마저 잠식당하면서 제조업의 성장세가 크게 떨어지게 되었다.

인구고령화의 그림자

일본의 재정적자는 1990년대에 부동산 버블이 붕괴되고 인구고령화가 진행되는 과정에서 빠르게 누적되어 왔다. 인구고령화와 함께 사회보장 지출이 늘어나는 한편 세입이 부진을 보이면서 재정적자가 쌓인 것이다.

재정수입과 재정지출의 추이를 보면 1990년을 기점으로 세입이 감소세를 보이는 한편, 세출이 계속적으로 증가했다. 일본정부는 재정적자를 메우기 위해 계속 공채를 발행해왔다. 재정적자의 원인 중에는 일본정부가 버블 붕괴 이후 효과가 없는 공공투자를 남발한 것도 있다. 하지만 이는 불황 초기인 1990년대에만 해당하는 이야기다. 과거 20년간의 추이를 보면 결정적인 요인은 인구고령

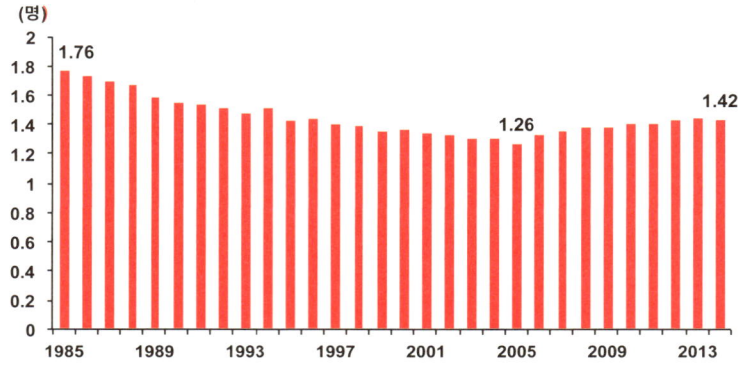

그림 10 일본의 저출산 심화 추이(합계 출산율)

주: 여성 1명이 평생 동안 낳을 것으로 예상되는 평균 출생아 수.
자료: 일본 후생노동성.

화에 따른 사회보장 지출의 확대와 세수 부진에 있다.

1990년부터 2012년 동안의 누적 기준으로 보면 세출 측면에서의 적자 증가 요인 중에서 사회보장 지출이 차지하는 비중은 61%에 달한다. 이는 공공투자 20%의 약 3배 비중이다. 인구고령화로 인해 연금, 의료 등의 사회보장 지출이 팽창하자 일본정부는 각종 사회보장기금의 적자를 메우기 위해 재정지원을 확대해왔으며 그 결과 재정이 악화됐다.

일본정부의 세출 구조를 살펴보면, 2011년 일반회계 예산 92조 4,000억 엔 중 사회보장 지출은 28조 7,000억 엔으로 이자 등의 국채비용 21조 5,000억 엔을 능가하는 최대의 지출 항목이다. 반면

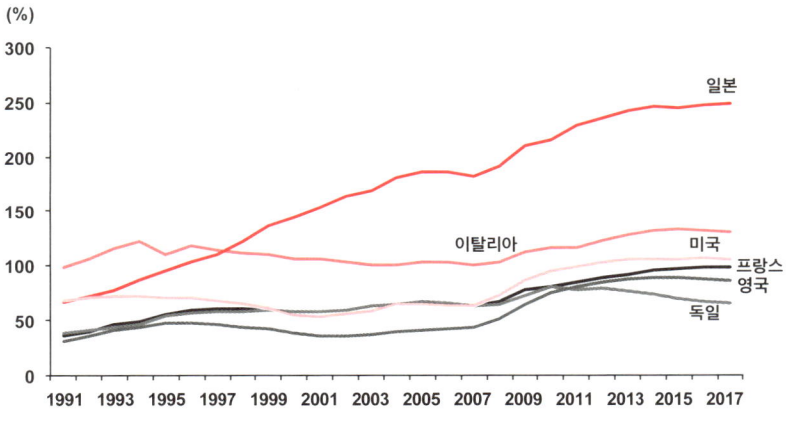

그림 11 선진국의 정부부채 GDP 비중 추이 및 전망

자료: IMF, World Economic Outlook Database.

문교·과학은 5조 5,000억 엔, 공공사업은 4조 9,000억 엔에 불과해 사회보장 지출 부담 때문에 다른 분야의 지출을 늘리기도 어려운 상황이다.

일반세출 중에서 사회보장 지출이 차지하는 비중은 1975년 24.8%, 1990년 32.8%에서 2011년에는 53.1%로 급상승해왔다. 사실 사회보장 지출 이외의 분야로 정책적 자금을 전략적으로 활용할 수 있는 여유가 없다.

일본은 유럽 복지국가와 비교하면 복지 수준이 낮고 GDP에서 복지 지출이 차지하는 비중도 상대적으로 낮다. 하지만 1990년

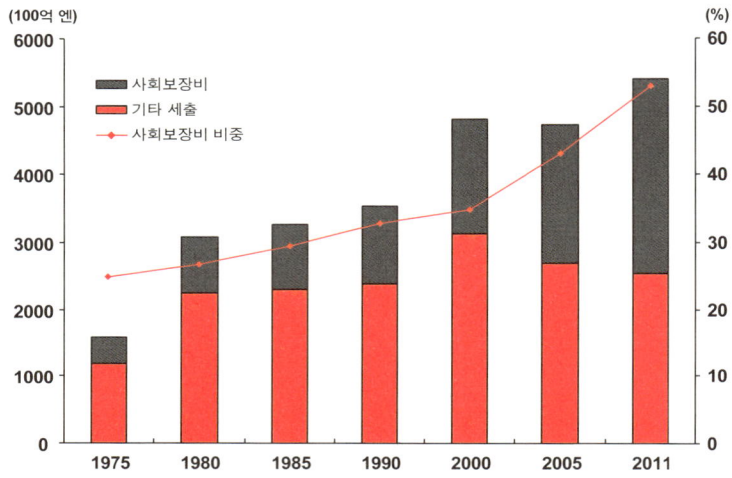

그림 12 일본 일반세출의 절반이 넘는 사회보장비 비중

주: 일반세출은 일반회계에서 국채 원리금 상환, 지방교부금 등 고정성 지출을 뺀 정책 관련 지출임.
자료: 일본 재무성.

대 이후 인구고령화로 인해 복지 지출이 빠르게 증가한 것이 부담으로 작용했다. 일본의 1인당 복지 지출은 2000년 실질가격(OECD 실질구매력평가환율 기준) 기준 2009년 5,660달러로 프랑스의 9,232달러, 독일의 8,016달러, 미국의 7,762달러에 비해 낮지만 1980~2009년 동안 2.8배나 늘어났다. 65세 이상 고령자 인구가 1990년의 1,489만 명에서 2010년에는 3,083만 명으로 급증하고, 총인구에서 차지하는 비중도 1990년의 12%에서 2012년 24%로

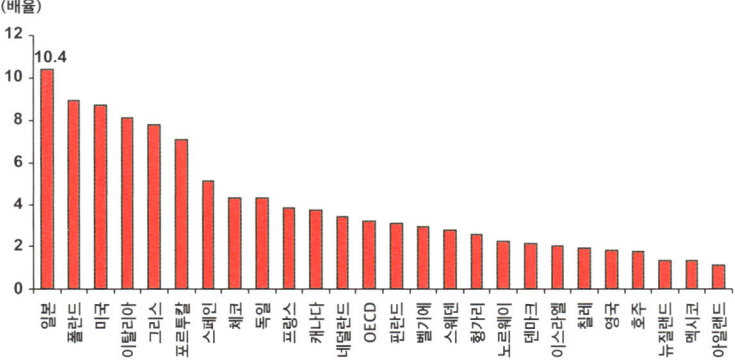

그림 13 고령자에 치중된 일본의 사회복지 지출
- 주요국의 고령자복지 치중 수준 비교

주: (고령자복지의 GDP 비중)/(가족복지의 GDP 비중) 기준임. 2009년도 기준임.
자료: OECD.

2배나 늘어났다. 그 과정에서 고령자를 위한 연금, 의료보험 등의 복지 지출이 늘어났다. 1990~2009년 동안 일본의 65세 이상 고령층에 대한 1인당 복지 지출은 실질가격으로 연평균 2.2%의 증가율에 그쳤지만, 고령층 인구 증가로 인해 고령자복지 지출의 총액은 연평균 5.9%의 증가세를 기록했다.

또한 인구고령화는 일본의 세입에도 부정적인 영향을 주었다. 일본의 15~64세 생산가능인구는 1990년대 중반을 정점으로 감소세로 돌아섰다. 이에 따라 세금을 부담하는 인구 규모 자체가 해마다 감소하는 압력을 받는 구조로 변했다. 생산가능인구의 감소는 경제성장에도 부정적으로 작용해 세수 확대가 더욱 어려워졌다.

이에 비해 생산가능인구 1인당 조세 부담액은 미미한 증가에 그쳐 재정의 균형이 깨지고 재정적자가 늘어났다. 생산가능인구 1인당 조세 부담액을 사회보장 지출의 증대에 맞게 지속적으로 확대할 수 없었던 것은 인구고령화에 따른 성장세 하락, 소득 부진 속에서 대규모 증세정책을 실시하기가 어려웠기 때문이다.

재정적자 문제를 악화시킨 일본의 특수 요인으로는 재정 및 사회보장 지출의 경직성을 들 수 있다. 일본의 고령자복지 지출은 가족복지 지출에 비해 약 10배나 많으며, 다른 선진국에 비해서도 고령자복지에 치중하는 모습을 보이고 있다.

고령자복지에 집중하는 구조는 인구고령화로 인해 복지 지출이 자동적으로 확대되는 효과를 더욱 강화시킨다. 또한 젊은 부부를 위한 자녀 양육비 지원 등의 가정복지는 고령자복지에 비해 상대적으로 미진하기 때문에 출산율이 낮아지는 부작용도 있다. 이는 개인 입장에서 보면 상대적으로 고령자복지를 기대할 수 있어서, 결혼을 하거나 자녀를 양육해 노후에 대비하려는 결정을 기피하는 요인으로 작용한다.

중앙에서 지방으로, 대기업에서 중소기업으로

　장기불황과 함께 일본 중소기업의 부도가 늘어나는 한편 창업이 부진을 보이면서 각 제조거점에서 산업 공동화 현상(해외 직접투자 증가로 인해 국내 생산 기반이 쇠퇴하는 현상)이 심화됐다. 일본의 중소기업 수는 1990년대 말에서 2012년 사이에 99만 개, 즉 20% 이상 감소했다.

　일본 경제가 장기불황에 빠지면서 내수 의존도가 높은 중소기업들은 '성장세 둔화, 저물가→ 대기업의 주문 감소, 단가 하락→중소기업의 매출 감소'라는 충격으로 어려움을 겪었다. 수출형 중소기업도 물가 하락과 함께 엔고 현상이 장기화되면서 어려움을 겪게 됐다. 엔고는 내수형 중소기업에도 충격을 주었다. 엔고와 함께 신흥국 제조업이 부상하면서 일본 내수시장에 신흥국 제품이 대거 유입되어 내수형 중소기업의 경영을 압박한 것이다.

특히 전통적으로 한 지역에 밀집해 특산지형 제조업으로 성장해 온 경공업 분야가 큰 타격을 받고 산업 기반이 약화됐다. 섬유산업의 경우 1985년 기준으로 6만 6,174개를 넘었던 사업소가 2010년에는 1만 5,902개로 감소했다. 같은 기간에 종업원 수도 115만 명에서 30만 명으로 크게 줄었다. 수건 제조 산지로 유명한 시코쿠 이마바리시는 1990년에서 2000년까지 10년 만에 사업소 수가 약 40%, 종업원 수도 50% 감소했다. 1990년대 중반 이후 일본 내 수건 수요가 연간 9만 톤 정도로 정점을 치고 정체된 데다 엔고와 신흥국 산업의 부상으로 외국산 수건이 대거 들어오면서 생산 활동이 위축된 결과였다. 이마바리시의 수건 제조기업은 중국 등지로 진출할 수밖에 없었고 일본 내 생산기반은 더욱 약화됐다.

산업공동화 현상은 대기업과 중소기업이 분업하는 산업단지에서도 진행됐다. 대기업이 경영 악화를 극복하기 위해 생산거점을 해외로 이전함으로써 지역 내 중소기업의 생산 기반이 크게 약해졌다. 장기불황기에 섬유와 함께 전기전자산업의 매출 및 생산 감소 충격이 컸는데 전자조립기업의 공장 폐쇄는 각 지역 하청 중소기업의 경영을 압박했다. 예를 들면 PDP TV 사업을 주도해왔던 파이오니아가 TV 조립공장을 단계적으로 폐쇄할 때마다 공장 주

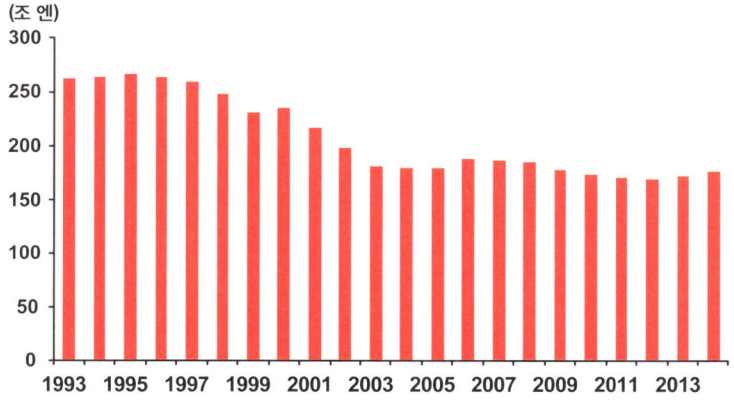

그림 14 일본 중소기업 대출의 부진 추이

주: 연말 잔액 기준. 자료: 일본은행.

변의 하청 중소기업도 함께 문을 닫아야 했다.

한편 1990년대 버블 붕괴의 영향으로 은행부실채권 문제가 악화되어 중소기업 대출이 부진을 보인 것도 기업의 어려움을 가중시켰다. 2000년대 중반에는 일본의 부실채권 문제가 거의 해결됐지만 그 후에도 디플레이션과 함께 대출이 부진을 보이면서 중소기업의 재무를 압박하는 현상이 지속됐다. 그림 14에서 볼 수 있듯이 중소기업에 대한 대출은 2000년대 중반 이후에도 정체 현상을 기록했다.

중소 제조업의 어려움은 지방 중소도시의 경제적·재정적 어려움을 가중시켜 지역에 있는 서비스기업의 경영도 압박했다. 지방

그림 15 일본 각 지역의 성장세 위축과 취업자 수 증가 부진

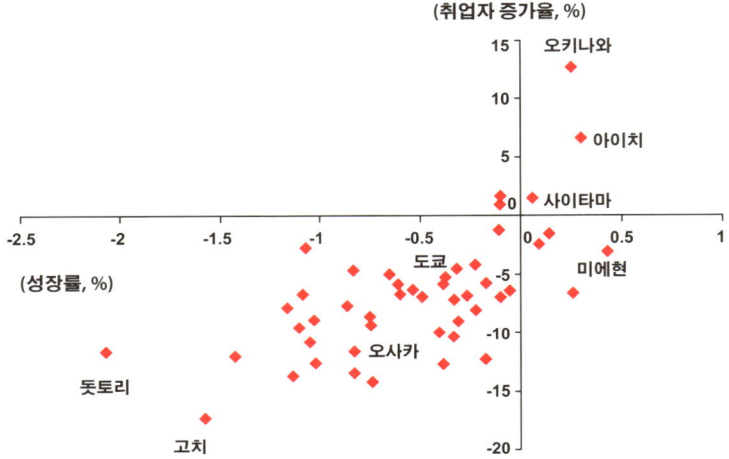

주: 성장률은 2001~2012년 명목 지역총생산의 연평균 증가율 기준,
취업자 증가율은 2001~2012년의 증가율 기준임.

도시의 중심가에는 각종 상점이 영업 부진으로 폐업한 후 신규 점포가 들어서지 않아 낮이나 밤이나 가게 문이 잠긴 건물들이 즐비한 '셔터 마을' 현상이 확산됐다. 중소기업청의 위탁조사 결과를 보면, 일본 전국 상가의 빈 점포 비율은 2000년 8.5%에서 2012년에는 14.6%로 늘었다. 리뉴얼 자금을 확보하지 못하거나 융자금을 갚지 못해 문을 닫거나 파산 상태에 빠진 지역 상가조합도 늘어났다.

지역경제는 인구구조 변화의 영향도 크게 받고 있다. 아예 도시나 농촌 마을 전체가 사라져 없어지는 지역공동화 우려까지 나오기 시작했다. 민간 전문가로 구성된 연구그룹인 일본창성회의는 일본 1,800개의 도시나 농촌 마을 중 896개가 2040년에 사라질 위기에 처할 것으로 전망했다. 일본 정부 부처인 국토교통성도 전국의 60%에 달하는 지역의 인구가 2050년에 절반 이하로 줄어들고 20%의 지역에서는 아예 거주자가 한 명도 남지 않을 것이라는 전망을 내놓았다. 이는 지방에서 도시로의 인구 유출이 일정 수준에서 둔화될 것이라고 가정하는 기존의 인구전망과는 달리, 현재와 비슷한 인구 유출이 지속될 것을 전제로 지방의 인구를 전망한 결과다.

일본의 각 지방은 2000년대 이후 명목 경제성장률이 대부분 마이너스를 기록했다. 저출산에 따른 인구 감소와 함께 고령화로 취업자 증가세가 더욱 부진을 보여 경제성장을 억제한 것이다. 수도 도쿄는 지방 인구의 유입에 힘입어 2001~2012년 동안 총인구가 8.8% 증가했으나 인구고령화의 여파로 취업자는 감소해 성장세가 회복되지 못했다. 도요타의 본거지인 나고야가 있는 아이치현은 플러스 성장세를 유지하면서 총인구와 함께 취업자도 늘어나는 등 상대적으로 호조를 유지하고 있지만 고치, 도톳리 등의 지방은 인구와 취업자 수가 크게 감소하면서 성장세도 상대적으로 크게 떨어지는 모습을 보였다. 지방의 경우 고령자 인구마저 크게 늘어나지 않는 단계로 저출산과 인구고령화가 진행되어 각종 소비재의 위축, 전통산업의 쇠퇴가 가속화되면서 경제활동이 급격히 위축되고 있다.

끝이 보이지 않는 게임

일본 가계는 장기불황과 디플레이션으로 어려움이 가중되어 왔다. 장기불황 초기에는 우리나라에서 유행하고 있는 '직구'와 같이 엔고 효과를 이용해 해외 제품을 저렴하게 구매하는 혜택을 보았다.

하지만 디플레이션이 심화되면서 일본 기업이 어려워지자 가계 형편도 악화됐다. 1990년대 말에는 일본 기업이 구조조정에 나서면서 조기퇴직제도가 확대 시행되고 임금이 동결되는 등 일본 가계에는 점차 여유가 없어졌다. 저축을 전혀 못하는 저축률 0%의 가계는 1985년 4.5%에 불과했으나 2008년에는 22.1%까지 늘어났다.

과다채무로 인한 개인파산 건수는 1990년에 1만 1,273건에 불과했으나 2004년에는 24만 건으로 크게 늘었다. 일본정부가 대부업의 고금리에 제한을 가함으로써 개인파산 건수는 2007년 14만 8,000건으로 감소했으나 가계의 어려움은 전반적으로 지속됐다. 디플레이션으로 금리가 떨어졌는데도 과다채무자 문제가 악화된 것은 물가상승률의 하락으로 인플레이션을 통한 부채 부담의 경감 효과가 사라진 데다 임금이 20년 이상 정체 내지 하락함으로써 부채를 갚기가 어려워진 가계가 늘어나서다. 종업원 30명 이상 사업장의 일반 근로자와 파트타임 근로자의 임금총액은 1990년 월 37만 엔에서 2015년 월 35만 8,000엔으로 3% 이상 감소했다. 명목 기준으로 임금이 25년 이상 동결되어 온 셈이다.

젊은 층과 고령층의 빈곤문제도 심각해졌다. 일본 대기업 정규직 일자리가 크게 늘어나지 않는 상황에서 취업이 점점 더 어려워지면서 젊은 층은 점점 더 비정규직으로 내몰렸다. 빈곤문제가 악화됐고, 중소기업과 경영위기를 맞은 대기업이 고령층 근로자의 구조조정에 나서서 고령층의 빈곤문제를 야기했다. 젊을 때부터 비정규직에다 미혼, 빈곤층으로 살다가 그대로 고령층이 되어가는 고령층의 빈곤문제도 점차 심각해지는 경향을 보였다. 사실 장기불황과 다양한 형태의 빈곤층 문제 악화로 인해 일본의 연간 자살자 수는 1990년대 말에 3만 명 시대로까지 치달았다가 최근에야 다시 2만 명대로 감소했다.

대기업에서 근무하는 상대적으로 부유한 근로자들 중에도 해외

근무를 하다가 버블 붕괴 이후 일본 사정을 잘 모르고 귀국해 무턱대고 대출을 받아 주택을 구입했다가 낭패를 본 사례도 있었다.

장기불황 초기에는 부모가 대학생 자녀의 생계를 지원해줌으로써 자녀의 자립을 막는다는 비판도 있었으나 최근에는 부모 세대가 어려워지면서 대학생이 아르바이트와 학자금 대출로 학교생활을 이어가는 일이 많아졌다. 지방에서 상경해 도쿄에서 어렵게 사는 여대생이 학비와 생활비를 벌기 위해 퇴폐업소에서 아르바이트를 하는 경우도 상당수에 이른다고 한다. 어떤 학생은 60세 이상의 고령자가 국가에서 받는 연금으로 젊은 대학생과 같이 어울리는 모습을 보면 씁쓸한 생각이 든다고 토로하기도 했다.

장기불황과 저출산, 그리고 인구고령화로 인해 각 세대 간의 가계 형편에도 차이가 발생해 일본 사회의 의식구조에도 적지 않은 영향을 주고 있다. 가난해진 노인들도 많으나 상대적으로 부유한 노인들이 많아진 것도 사실이다. 특히 현재 고령층은 연금 등에서 자신이 지불한 액수보다 많은 돈을 받는 세대로서 큰 혜택을 받고 있다.

대체적으로 전후 베이비붐 세대(현재 64~68세)는 다른 세대들에 비해 큰 혜택을 받으며 그동안 경제 고성장을 통해 각종 자산도 축적했다. 또한 대체적으로 정년까지 일하고 퇴직할 수 있었다. 한편, 현재 50대인 '신인류 세대'는 연금 면에서 지출과 수입이 거의 비슷할 것으로 보이며, 사람에 따라서는 구조조정을 경험했기 때문에 베이비붐 세대보다 어려움이 많다.

현재 40대인 '버블 세대'는 사회보장 혜택보다 자신들의 부담이 클 것으로 예상된다. 이들이 회사에 들어갔을 때쯤에는 일본경기가 초호황이었기에 쉽게 취업도 하고 수년간 좋은 경제 상황을 즐겼지만 그 후 계속해서 일본 경제가 추락함으로써 임금이나 복리후생 수준이 계속해서 떨어져 피해 의식이 큰 세대이기도 하다. 이들은 기업이나 정부 조직에서 고령의 상사에게 노골적으로 세대 간의 불균형 문제를 지적하는 세대이며, 최근 일본 정치사회의 우경화, 혐한 심리를 부추기는 '넷 우익'의 주축 세력이기도 하다.

현재 30대 초반 이하의 젊은 층인 '사토리(さとり, 달관) 세대'는 버블 세대에 비해 기대치가 낮고 불만도 적다. 학생 시절부터 일본 경제의 어려움을 경험해 일본이 과거에는 '대단했다'는 점을 별로 실감하지 못하며, 버블 세대와 같이 연금 등 사회복지 지출이 혜택에 비해 많을 것으로 예상되는 세대다. 이들은 앞으로 소득의 약 20%를 계속해서 고령층의 사회보장을 유지하기 위해 부담해야 하고, 과거와 같은 연공서열을 통한 임금 상승도 기대하지 못하므로 과거의 일본 젊은 층과 같이 소비에 적극적으로 나서기가 어렵다. 이들은 자기 취미에 만족하면서 살아가며 이성 교제에도 비적극적인 모습을 보이고 있다.

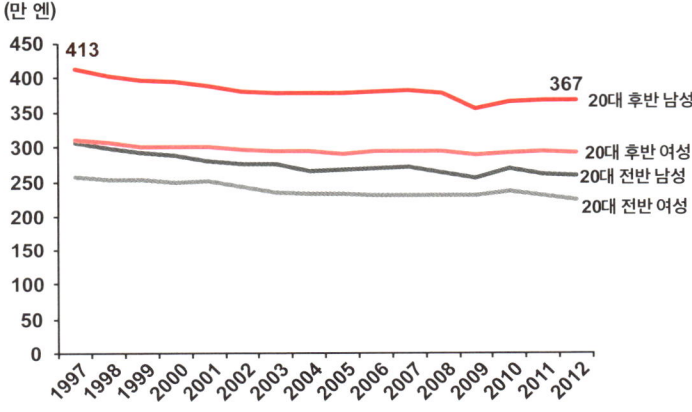

그림 16 일본 20대의 평균연봉 하락세 추이

자료: 일본 국세청, 민간급여실태통계조사.

　장기불황기 동안 일본 경제의 침체를 보아왔던 젊은 세대는 일본 경제의 고도 경제성장을 이끌어왔던 베이비붐 세대나, 버블기에 대학 생활을 즐긴 버블 세대 등과 달리 소비 활동에 소극적이다. 이들은 이전 세대에 비해 연봉이 상대적으로 적고 연애나 여행에 취미가 없으며 혼자 집에서 지내는 시간이 많다. 예컨대 자동차 회사들은 최근의 젊은 층이 과거에 비해 자동차를 구입하지 않고 자동차운전면허도 취득하지 않으려고 하는 행태를 우려하고 있다. 어떤 자동차회사는 자동차 광고 대신 자동차운전면허를 취득하자는 TV 광고를 내기도 했을 정도다. 이렇듯 장기불황은 일본의 정치사회적인 지형까지 바꾸는 충격을 주고 있다.

2장

지금 우리는 어디에 있는가

오늘의 우리에겐 20년 전 일본이 있다?

일본과 우리나라의 방송문화에 모두 익숙한 사람들이 자주 하는 얘기 중 하나는 우리나라의 TV 방송 트렌드가 약 20년 전의 일본과 비슷하다는 것이다. 여러 명의 패널들이 출연해 진행하는 쇼 프로그램의 집단 MC 체제에서부터 지금도 유행하는 쿡방까지 모두 오래전 일본에서 유행했던 것이다. 우리나라는 일본과 여러 가지 면에서 유사하다. 국민들의 성향이나 기호가 유사하다 보니 비슷한 TV 방송 프로그램이 인기를 얻고 영화나 애니메이션, 드라마가 상대국에서 인기를 끄는 일도 많다. 일본인과 한국인은 유전자 구조상 거의 차이가 없다는 연구 결과도 있다.

국민들의 성향이 비슷해서 그런지는 몰라도 경제구조 역시 상당

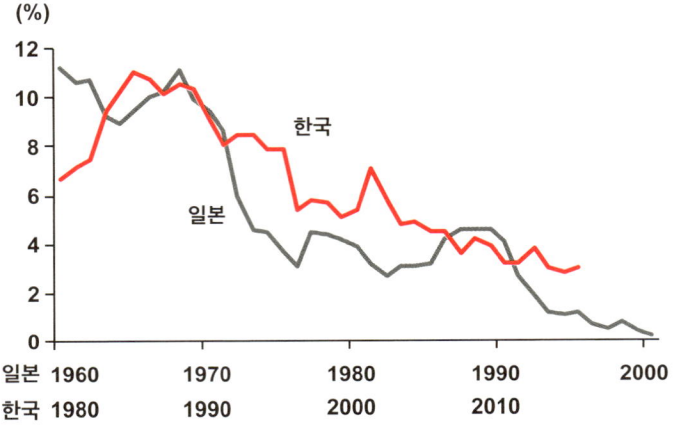

그림 17 일본과 유사한 성장 경로를 걷고 있는 우리나라

주: 성장률은 5년 이동 평균치.
자료: 한국은행, 일본 내각부.

히 흡사하다. 한국과 일본을 세계시장에 알린 대표 산업은 전자제품, 자동차, 조선, 철강 등 중후장대형 장치산업이다. 한국은 고도성장 과정에서 주력 산업을 선택하는 데 있어 일본의 기술과 성장 방식을 상당 부분 채택하면서 일본과 비슷한 산업구조를 가지게 됐다. 과거 일본 기업들이 엔고로 주춤한 사이 우리나라 기업들은 일본의 주력 산업 부문에서 급성장했다. 1980년대 중반까지 일본은 자동차, 전자, 조선, 철강, 화학 등에서 세계 정상의 위치에 있었지만 이후 많은 시장을 우리에게 양보해야 했다.

최근 주목받는 사실은 우리나라와 일본의 성장 경로가 20년의 시차를 두고 유사하다는 것이다. 일본의 경제성장률은 1960년대 10%대에서 1970~1980년대 4~5%로 낮아진 바 있으며 1990년대 이후에는 평균 1% 미만으로 크게 떨어졌다. 우리나라는 1970~1990년대까지 7~9%의 고성장을 유지하다가 2000년대 4%, 2010년대 들어서는 평균 3%대로 성장률이 낮아졌다.

더욱 심각한 점은 일본의 잃어버린 20년을 초래했던 경제 현상들이 상당 부분 우리나라에서도 나타나고 있다는 것이다. 우리나라도 앞으로 일본과 같은 장기침체를 겪는 것이 아닌가 하는 우려가 커질 수밖에 없다. 2장에서는 과거 일본과 현재 우리나라의 경제 상황을 비교해봄으로써 우리나라가 일본의 전철을 따라갈 가능성이 얼마나 되는지를 살펴보려고 한다.

우리에겐 자산시장 버블이?

　우리나라가 일본처럼 장기침체에 빠질 것이라는 우려가 큰 것은 사실이지만, 반대로 일본과 같은 상황에 처하지는 않을 것이라는 희망적인 견해도 있다. 이러한 주장의 근거로 가장 많이 제시되는 것은 우리나라에는 자산가격 버블이 없다는 것이다.

　실제로 일본의 1990년대 초반과 우리나라의 자산가격을 비교해 보면 차이점이 크다. 우선 주식시장을 보면 당시 일본의 주가가 가장 크게 올랐던 1989년 12월 29일의 토픽스(TOPIX, 됴쿄 종합주가지수)는 2,881을 기록해 5년 전인 1984년 말 913의 3.2배, 10년 전인 1979년 말 460의 6.3배에 달했다. 10년간 소비자물가 상승률이 1.3배밖에 오르지 않았다는 점을 감안할 때 주식을 샀던 사람들의 수익이 얼마나 높았는지를 가늠해볼 수 있다.

반면 코스피(KOSPI, 한국 종합주가지수)는 2015년 말 1,961을 기록해 5년 전인 2010년 말 2,051에 비해 오히려 떨어졌으며 10년 전에 비해서도 1.4배 늘어나는 수준에 그쳤다. 10년 동안 소비자물가 상승률이 1.3배 오른 점을 감안할 때 거의 물가 정도만 오른 셈이다. 주가가 기업수익에 비해 얼마나 높은지를 나타내는 PER(주가수익비율) 역시 2015년 12월 말 기준 13.6배로 일본의 1989년 말 60배에 비해 크게 낮다.

코스피는 2000년대 중반 세계경제 초호황기에 2,000선을 돌파했지만 이후 미국 서브프라임 모기지 사태와 리먼쇼크 등 글로벌 금융위기를 맞아 지수가 급락했다. 2010년 말 2,000선을 회복했지만 아직까지 뚜렷한 상승세를 보이지 못하고 정체하고 있다. 전기전자, 철강, 조선 등 우리 경제를 이끌어가던 주력 기업들의 수익성이 크게 떨어지고 전망도 불투명하기 때문이다. 미국 증시가 글로벌 금융위기 이전 수준을 훌쩍 뛰어넘은 데 반해 우리나라 증시는 무기력한 모습을 보이고 있다.

주식시장에 거품이 있는지를 검증하는 공적분 검정법 등 계량적 방법론을 통해 보더라도 한국 주식시장에 거품은 존재하지 않는 것으로 판단된다. 시장에서도 우리나라 주가가 저평가되어 있다는 우려는 많지만 주가가 급락해서 경제에 충격을 줄 것이라는 예상

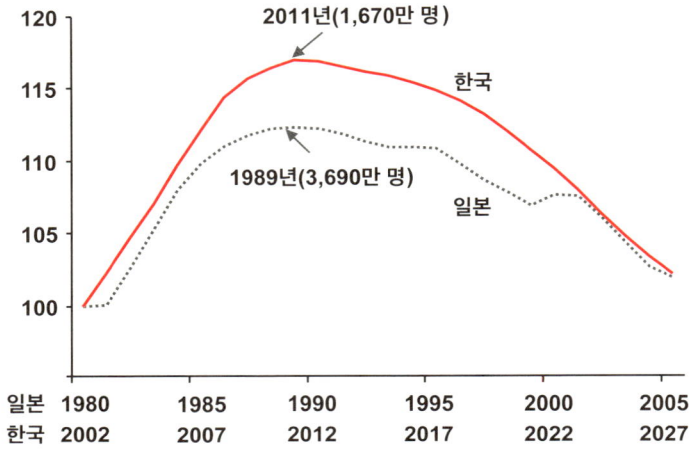

그림 18 주택구입 주력 연령 감소

주: 주택구입 주력 세대는 35~54세 인구로,
일본은 1980년, 한국은 2002년을 100으로 함.

은 별로 없다.

반대로 부동산은 향후 가격이 급락할 수 있다는 경고가 자주 들린다. 『2018 인구절벽이 온다(The Demographic Cliff)』의 저자인 해리 덴트의 인구구조론이 자주 인용되는데, 주된 논거는 주택구입 주력 연령층의 숫자가 줄어들면 이후 주택가격이 급락할 가능성이 크다는 것이다. 일본에서 주택구입의 빈도수가 높은 35~54세 연령층이 줄어들기 시작한 시점은 1990년으로 주택가격 버블이 붕괴되기 시작한 1년 전이다. 미국의 주력 주택구입 연령층이 줄어든 시기는 2007년으로 서브프라임 모기지 사태가 발생한 시기와 일치한다. 우리나라에서는 2012년부터 주력 주택구입 연령층이 줄어들었기 때문에 이후 가격 급락 우려가 계속 제기되어 왔다.

다만 인구구조만으로 주택가격을 모두 설명하는 데는 무리가 있다. 인구구조의 변화가 주택 수요에 영향을 미치는 것은 사실이지만 버블 붕괴와 같은 가격 급락이 발생하려면 이전 시기에 주택가격이 급등하는 거품이 발생하는 것이 대부분이다. 일본과 미국은 가격 급락 이전에 가격이 빠르게 상승한 버블 형성기를 경험한 바

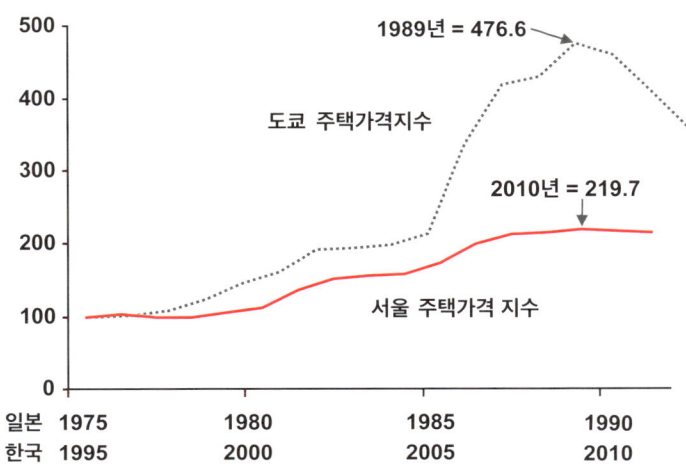

그림 19 우리나라는 주택가격 거품 적어

주: 일본은 1975년, 한국은 1995년을 100으로 함.

있으며, 주택가격 하락은 잘못된 기대로 인해 과도하게 높아진 주택가격이 조정되는 과정이었다. 똑같이 주택가격 급락을 경험한 스페인, 아일랜드 등은 주택구입 연령 인구가 현재까지도 계속 늘어나고 있다. 더욱이 미국은 부동산가격 하락이 장기화되지 않았으며 수년간의 조정을 마치고 최근 다시 반등하는 모습이다.

우리나라의 주택가격 버블은 과거 일본에 비해 크지 않은 것으로 추정된다. 주택가격은 빠르게 상승한 서울시 기준으로도 1990년 이후 20년 만에 2.2배 상승하는 데 그쳤다. 이는 도쿄의 주택지가격이 1990년까지 15년 동안 4.6배로 상승한 것에 비해 완만한 수준이다. 또한 일본은 주택지가격보다 상업지가격이 훨씬 더 가파르게 상승한 데 비해, 우리나라는 주택지가격과 상업지가격의 상승이 유사한 움직임을 보이고 있다.

부동산자산의 규모 역시 우리나라는 과거 일본에 비해 낮은 수준이다. 1991년 일본의 지가총액은 2,190조 엔으로 GDP의 4.8배에 달했지만, 우리나라는 2012년 기준 지가총액이 3,711조 원으로 GDP의 2.9배 수준에 머물고 있다. 지수 간의 공적분 분석을 통해 보더라도 주택가격과 주택임대료의 시계열적 관계가 안정적이라 가격이 실제 가치에서 크게 동떨어지는 현상은 나타나지 않았다.

우리나라의 주택가격 버블이 크지 않은 데는 부동산 규제정책이 중요한 역할을 한 것으로 보인다. 일본은 1980년대 후반 부동산가격이 빠르게 상승하자 부동산 부문에 은행 포트폴리오가 집중됐지만 적절한 긴축정책이 제시되지 못했다. 금융자유화 흐름 속에서 은행자산의 건전성에 대한 규제와 감독도 강화되지 못했다. 반면 우리나라는 총부채상환비율(DTI)과 주택담보대출비율(LTV) 규제가 강화되면서 부채 확대를 통한 주택가격 상승을 제약하는 역할을 했다. 향후 과거와 같은 가격의 대세상승기가 다시 오기는 어려울 것이나 일본과 같이 부동산가격이 급락할 가능성은 크지 않을 것이다. 결국 일본만큼 자산가격의 버블이 크지 않기 때문에 버블 붕괴 가능성이 일본에 비해 낮다는 주장은 어느 정도 일리가 있다고 판단된다.

핵심은 생산성!

　그렇다면 우리나라는 주택가격의 급락 가능성이 적기 때문에 장기침체 우려가 없다고 할 수 있을까? 사실 자산시장의 버블 붕괴가 일본의 장기침체를 촉발하기는 했지만 20년이나 되는 오랜 기간 동안 침체를 가져온 본질적인 요인이라고 할 수는 없다.

　북유럽 국가들과 미국 등 많은 나라들이 버블 붕괴를 겪었지만 수년이 지난 후 경제가 다시 반등한 경험을 가지고 있으며 일본처럼 장기적으로 성장률이 하락한 사례는 없다. 버블 붕괴가 장기침체를 촉발시키기는 했지만 사실 일본 경제는 이전부터 이미 잠재적인 성장력이 떨어지고 있었으며 자산 버블 붕괴는 일본 경제의 구조적인 문제점들을 표면에 드러낸 역할을 했다고 보는 것이 더 설득력을 가진다.

일본의 성장력이 떨어진 데는 두 가지 중요한 원인이 작용했다. 첫째는 일본의 수출경쟁력이 떨어지면서 그동안 고도성장을 이끌어왔던 제조업의 성장성과 생산성이 떨어졌다는 것이다. 둘째는 인구 고령화와 근로시간 감소 현상이 빠르게 진행되면서 생산을 위한 인력투입이 어려워졌을 뿐 아니라 새로운 산업 변화에의 적응도 제대로 이루어지지 못했다는 점이다.

일반적으로 한 경제의 잠재적인 성장력을 생산요소 측면인 자본, 노동, 생산성으로 구분해서 살펴볼 수 있다. 일본은 수출경쟁력이 떨어지면서 제조업 부문의 높은 생산성 증가를 더 이상 기대하기 어려워졌고 생산시설을 갖추기 위한 자본투자의 활력도 크게 떨어졌다. 여기에 인구고령화로 노동투입까지 줄어들면서 모든 생산요소 부문이 위축됐고 이것이 잠재적인 성장력을 떨어뜨렸다고 볼 수 있다.

이는 현재 한국경제가 직면한 상황과 비슷하다. 수출이 경기를 이끌어가는 힘이 약해지면서 제조업 성장이 위축되고 기업들의 어려움이 커지면서 적극적으로 투자에 나서지도 못하는 상황이다. 일본은 엔고로 가격경쟁력이 낮아진 점이 수출경쟁력 저하의 주된 요인이지만, 우리나라는 세계경제의 흐름 변화, 중국의 빠른 추격 등이 크게 작용한다. 인구고령화는 향후 우리 경제의 성장 여력을 크게 떨어뜨리고 수요 기반을 위축시킬 심각한 문제로 지적된다. 2000년대 우리의 출산율은 세계적으로도 유례를 찾기 어려울 정도로 낮은 수준이다. 이는 오래지 않아 우리 경제의 생산 기반을 약화시킬 심각한 문제가 될 것이다.

일본의 장기침체 원인으로 생산성 저하를 강조하는 분석은 도쿄대학교의 하야시 교수와 노벨경제학상 수상자인 애리조나주립대학교의 에드워드 프레스콧 교수가 이끌고 있다. 두 사람의 분석에 따르면 1990년대 일본 경제의 성장세가 급격하게 낮아진 것은 자본과 노동 등 전반적인 부문에서 생산성이 낮아졌기 때문이다. 1980년대 생산성 증가가 일본의 경제성장에 기여한 정도는 1980년대 3.7%에서 1990년대에는 0.3%로 크게 떨어졌다.

당시 일본의 생산성 상승이 멈춘 것은 일본의 고성장을 이끌었던 성장 방식이 한계에 이르렀기 때문으로 판단된다. 일본은 자동차, 전자, 철강, 화학 등 주요 장치산업 부문에서 수출을 빠르게 늘리면서 높은 생산성 증가를 기록했지만 세계시장에서의 점유율이 포화 상태에 이르면서 추가적인 시장 확대 여지가 줄어들었고 이를 대체해서 성장을 이끌 만한 부문이 마땅치 않았다. 즉 빠른 성장으로 선진국과의 격차가 줄어들어 추가적으로 모방할 부분이 많지 않았고 새로운 기술과 제품을 창조하지 못하면서 생산성이 저하되고 성장세도 낮아진 것이다. 특히 플라자합의 이후 엔화 강세가 빠른 속도로 진행되면서 독일이나 우리나라와 같은 경쟁국들에게 시장을 빠르게 빼앗겼다.

일본의 수출증가율은 달러 기준으로 환산할 때 1980년대 10.3%에서 1990년대에는 4.3%로, 2000년대에는 3.3%로 크게 낮아졌다. 더욱이 엔화로 환산하면 수출의 위축이 더욱 심각하다. 일본의 수출액은 플라자합의가 시행됐던 1985년 42조 엔이었으나 10년 후인 1995년에는 41조 5,000억 엔으로 오히려 금액이 줄어들었다.

우리나라 역시 최근 수출의 흐름이 심상치 않다. 글로벌 금융위기의 충격이 어느 정도 완화된 2012년부터 수출이 정체되기 시작해 최근에는 오히려 역성장하는 모습을 보이고 있다. 2015년 통관 기준 수출액은 5,270억 달러로 2011년보다 금액이 줄었다. 2013년 달성했던 무역 규모(수출＋수입)인 1조 달러에서도 다시 후퇴했다.

품목별로 보더라도 과거 우리나라의 수출주도 고성장을 이끌었던 주력 산업들이 대부분 힘을 잃어가고 있다. 가장 큰 타격을 입고 있는 부분은 철강, 석유화학, 정유, 선박 등 대표적인 중후장대형 장치산업이다. 이들 산업의 2015년 수출액은 2011년 수준에도 미치지 못해 글로벌 금융위기 이후 부진이 장기화되고 있다. 전기전자 부문에서도 TV, 백색가전, 디스플레이 등 주요 내구재와 부품 수출이 감소 추세를 보이고 있으며 그나마 선전하고 있는 반도체 역시 수출증가율이 과거에 비해 크게 떨어졌다. 자동차 수출 역시 최근 4년 평균 수출증가율이 2%에 머물러 2000년대 평균 수출증가율인 15%보다 크게 낮아졌다.

이처럼 대부분의 주력 품목이 수출에 어려움을 겪으면서 우리나라의 제조업 성장성이 크게 떨어졌다. 우리나라의 산업별 성장률을 보면 글로벌 금융위기를 전후해 서비스업은 성장률이 1.9%p 하락하는 데 그쳤지만 제조업 성장률은 3.4%p 하락했다. 특히 제조업의 생산성 저하가 뚜렷했는데 제조업 부문에서 생산성 증가의 성장 기여도는 위기 이전 6.6%p에서 2011~2013년 기간 중에는 2.1%p로 낮아졌다. 수출제조업의 힘이 떨어진 것이 우리 경제의 성장 활력을 약화시킨 주된 요인이 되고 있다.

수출제조업이 고도성장의 중추적인 역할을 하다가 갑작스럽게 수출의 활력이 떨어졌다는 점은 우리나라와 일본이 유사하지만 그 원인에는 다소 차이가 있다.

일본에서 수출이 위축되기 시작한 때는 엔화가 빠른 강세를 보인 시기와 일치한다. 엔달러 환율은 플라자합의가 발표된 1985년 9월 평균 237엔에서 2년여 후인 1988년 1월 123.6엔까지 급격한 강세를 보였으며 이후 다소 진정되다가 2차 엔고가 발생하면서 1994년 달러당 80엔까지 높아졌다. 약 10년간 엔화의 명목가치가 3배가량 높아진 셈이다.

디플레이션 등 저물가로 일본의 생산비가 낮아졌다는 점을 감안

표 1 일본 주요 제품의 세계수출시장 점유율 변화

상품	1995년(A)	2000년(B)	점유율변화(A-B)
TV	47.3	9.9	-37.3
라디오	48.4	15.1	-33.3
음향기기	78.4	46.2	-32.2
악기	51.7	33.3	-18.5
선박 및 해상플랜트	32.9	15.1	-17.7
통신기기	30.4	20.0	-10.3
철강금속	15.0	6.6	-8.4
전자관 및 반도체	22.1	15.1	-7.0
컴퓨터	18.0	12.3	-5.8
의료기기	12.1	6.6	-5.5
기계장비	14.7	10.0	-4.7
화학제품	6.0	4.7	-1.3

주: SITC 4단위 rev2 통계로 분석.
자료: UN Comtrade.

하더라도 엔화의 실질가치는 달러 대비 2배 이상 높아졌다. 같은 물건을 팔아도 엔화 기준 절반 정도의 매출밖에 발생하지 않게 된 일본 수출기업들의 어려움이 얼마나 컸을지 짐작할 수 있다.

빠르게 진행된 엔고와 함께 주목할 점은 일본 기업의 수출 증대 여력이 이미 어느 정도 한계에 이르렀다는 것이다. 플라자합의 이전에 일본은 주력 수출 품목에서 세계시장을 지배하고 있었다. 1985년 주력 수출상품이었던 TV 부문에서 세계수출시장 점유율이 무려 47.3%에 달해 2위였던 독일의 10.7%에 비해 압도적인 우위를 보인 바 있으며 당시 TV와 교역 규모가 유사했던 라디오 부문에서도 전체 수출시장의 절반가량을 차지했다(표1 참고). TV와 라디오 세계수출시장 점유율은 이후 5년 만에 10~15% 수준으로 크게 떨어졌다. 세계수출시장의 3분의 1을 차지하던 선박 역시 점유율이 절반으로 떨어졌고 철강금속, 기계장비, 전기전자, 화학 등 대부분의 산업에서 세계시장에서의 영향력이 빠르게 낮아졌다.

단기간에 빠르게 높아진 시장점유율이 의미하는 것은 두 가지였다. 우선 추가적인 시장 확대 여지가 크지 않다는 점, 그리고 다른 나라들의 경계 대상이 된다는 점이었다. 일본으로부터의 수입이 빠르게 늘어난 선진국들은 자국산업 보호를 위해 일본의 시장개방과 엔화가치 절상을 원했으며 이것이 결국 플라자합의와 그 이후의 엔고로 이어졌다.

우리나라도 일부 품목에서는 세계 최고 수준의 기술과 점유율을 보인다. 선박, 반도체, 휴대폰, 가전 등 일부 품목에서 우리나라는 세계 최고 수준의 대열에 합류한 바 있다. 다만 과거 일본이 대부분의 주력 품목에서 절반에 가까운 압도적인 시장점유율을 기록한 데 비해 우리나라는 아직 그 정도 수준에 이르지는 못했다. 세계수출시장에서의 주력 제품 점유율을 보면 2011년 기준 선박은 36.2%를 차지하고 있으나, 반도체 11.5%, 통신기기 9.6%, 철강 5.1%, 자동차 6.7% 등으로 해외생산분을 포함하더라도 세계시장에서 점유율을 늘릴 여지가 아직 있다. 즉 우리나라는 아직 소규모 개방경제로서의 이익을 누릴 여지가 있으며 이에 따라 주변국들의 경계도 과거 일본보다는 약할 수 있다는 점이 긍정적이다.

원화가치 절상도 아직까지는 일본만큼 심하게 수출경쟁력을 떨어뜨리는 요인이라고 볼 수 없다. 원달러 환율은 2015년 평균 1,130원으로 지난 5년간 1,100원을 중심으로 등락하는 모습이다. 주변국들의 통화 약세로 인해 미국뿐 아니라 다른 주요국과의 환율 변화까지 고려한 실질실효환율이 다소 절상됐지만 2010년에 비해 10% 정도 절상된 수준이어서 일본만큼 높지 않다.

그럼에도 불구하고 수출이 이렇게 지지부진한 것은 세계경제 환경 측면에서 과거 일본보다 훨씬 불리한 상황에 놓여 있기 때문이다. 일본의 수출 부진이 본격화된 1980년대 후반은 세계경제의 호황기였다. 2차 오일쇼크의 충격에서 벗어나 유가가 하락하고 스태그플레이션(stagflation, 경기불황 중에도 물가가 계속 오르는 현상)을 막기 위해 인상했던 금리도 정상화되면서 제조기업들의 생산비 부담이 줄어들었다. 세계경제성장률은 1980년대 후반 3.9%를 기록해 전반기의 2.6%보다 높아졌다.

일본 기업들로서는 통화가치 절상에 따른 어려움이 있었지만 세계경제 회복에 따른 수요 증대와 저유가에 따른 생산비 감소가 어느 정도 어려움을 상쇄시키는 역할을 했던 것으로 보인다. 이후 일본의 잃어버린 20년이 진행됐던 1990년대와 2000년대는, 세계경제의 글로벌화가 본격적으로 진행되면서 중국, 인도, 브라질 등 거대 개도국들이 세계경제의 전면에 나서고 이에 따라 개도국 중심의 세계 수요 확대가 이루어졌던 시기다. 특히 2000년대는 금융위기가 발생하기 이전까지 세계경제의 초호황기였다.

반면 현재 우리나라 수출이 힘을 찾지 못하는 것은 세계경제 환경의 변화에 따른 원인이 크다고 분석할 수 있다. 글로벌 금융위기 이후 세계경제의 활력은 이전에 비해 뚜렷하게 저하됐다. 2000년대 중반 세계경제는 5%에 가까운 고성장을 기록했지만 글로벌 금융위기 이후 3% 초반의 성장에 머물고 있다. 세계경제가 과거의 활력을 되찾기 어려울 뿐 아니라 부진이 더 심해지고 장기화될 수 있다는 장기침체 우려가 제기되는 상황이다. 2014년 스탠리 피셔 FRB 부의장과 로렌스 서머스 하버드대학교 교수가 미국 경제의 '구조적 장기침체(secular stagnation)', 즉 경기침체가 일상적이 되는 상황에 대해 경고하면서 세계적으로 장기침체 리스크에 대한 관심이 높아졌다.

세계경제성장력 하락과 더불어 세계교역의 위축 현상도 심각해지고 있다. 세계교역금액 증가율은 2008~2013년 평균 2.6%로 1990년대 평균 6.6%에도 미치지 못했다. 특히 2013~2014년에는 1% 내외의 증가에 머물렀다.

세계적 장기침체 우려 확산

세계경제의 장기침체 원인에 대해서는 여러 가지 가설이 있다. 전 미국 재무장관이었던 하버드대학교의 로렌스 서머스 교수는 저축과 투자 간의 구조적인 불균형을 지목한다. IT 부문의 빠른 기술 발전은 경제의 소프트화로 이어져 전체 투자수요를 위축시킨다. 과거 글로벌 기업들은 자본시장에서 자금을 조달했지만 애플과 구글 등 IT 기반 기업들은 오히려 대규모 현금을 보유하고 있다는 것이 이를 증명한다.

또한 평균수명 증가와 인구증가율 하락으로 저축의 필요성이 커지고 있는데 이에 따라 결과적으로 실질금리가 낮아진다는 것이다. 여기서 주의할 점은 실질금리 균형이 제로금리 이하로 낮아질 수 있다는 것이다. 이렇게 되면 통화정책의 효과가 떨어지면서 저성장이 장기화될 가능성이 있다. 폴 크루그먼 교수도 디레버리지(deleverage, 레버리지의 반대 개념으로 부채를 줄이는 것을 말한다)와 인구 감소에 따른 실질금리의 하향 추세를 인정한 바 있다.

로버트 고든 노스웨스턴대학교 교수는 잠재성장력 자체가 떨어질 수 있다고 경고한다. 사람들의 생활 방식을 급격하게 바꾸는 중요한 발명들이 마무리되면서 과거와 같이 빠른 생산성 증가를 기대하기 어려워졌다는 것이다. IT혁명은 기대했던 것만큼 큰 변화를 가져오지 못했으며 성장에 미치는 영향도 줄어들고 있다. 이와 함께 인구증가율의 둔화, 교육투자의 효율성 하락, 소득불평등 확대, 국가부채 등도 선진국의 잠재성장률을 떨어뜨릴 것으로 예상하고 있다.

반면 배리 아이켄그린 버클리대학교 교수는 세계화로 개도국 경제의 비중이 높아졌기 때문에 선진국의 상대적 저축 증가를 흡수할 수 있을 것이어서 제로금리까지 떨어지지는 않을 것이라 본다. 중요한 발명이 끝났다는 주장도 신빙성이 높지 않으며 컴퓨터와 인터넷 보급이 시차를 두고 생산성 증가에 반영될 것으로 보고 있다.

장기침체를 극복하기 위한 방안으로는 실질금리를 떨어뜨릴 수 있는 완화적이고 과감한 통화정책과 투자수요를 끌어올릴 수 있는 촉진책이 제시된다. 잠재성장력을 높이기 위해서는 교육제도 개선과 인프라 투자 확대가 강조된다. 이와 함께 소득격차 축소와 사회안전망 구축을 통해 소비 기반을 확대하는 것도 중요한 정책이다.

2000년대 교역 증대는 선진국들이 부채 확대를 통해 수요를 크게 늘린 데 따른 것이며 글로벌 금융위기는 이와 같은 현상이 지속 가능하지 않음을 입증했다. 글로벌 무역 불균형을 조정하는 과정에서 선진국들은 수입에 의존하기보다는 자체생산하는 경향이 강화됐다. 세계경제성장에서 교역이 차지하는 비중은 과도하게 높아진 것으로 판단된다. 1980년대와 1990년대 중반까지만 해도 세계 GDP에서 교역이 차지하는 비중은 15% 내외로 유지됐으나 이후 급격히 증가해서 글로벌 금융위기가 발생한 2008년에는 25%

그림 20 과도하게 높아졌던 세계교역 비중이 조정되는 국면

자료: WTO Database.

를 넘어섰다. 2015년에는 세계교역 비중이 22% 정도로 낮아졌지만 여전히 추가적으로 떨어질 여지가 커 보인다.

모든 국가가 수출로 돈을 벌려고 한다면?
–

세계교역의 위축과 함께 더욱 치열해진 경쟁 여건도 우리 수출과 제조업 성장을 어렵게 하는 요인이다. 1970년대 이후 우리나라와 대만 등 동아시아 니스(NIES, 신흥공업경제지역) 국가들이 이끌어

온 수출주도 성장전략은 이후 많은 개도국들이 유사한 방식을 채택하면서 약효가 떨어지고 있다. UN 208개 국가의 자료를 이용해 경제성장과 수출의 관계를 살펴보면, 1970년대부터 2007년까지는 수출 중심국의 성장률이 내수 중심국을 지속적으로 상회했으나 2008년 이후부터는 오히려 수출 중심국의 평균 성장률이 2.6%로 내수 중심국의 3.4%보다 낮아졌다.

수출과 성장의 관계가 약화된 원인으로는 우선 수출주도 성장전략을 택한 국가가 많아졌다는 점을 들 수 있다. 다수의 국가들이 유사한 산업 부문에서 수출을 늘리려고 노력하면 공급 경쟁 확대에 따른 교역 조건 악화, 통화 약세 경쟁 등 부정적 영향이 발생할 수 있다. 로버트 블레커 교수는 모든 국가가 수출에 의존해 경제성장을 달성하려 한다면 이는 수요의 이동에 지나지 않는 구성의 오류를 초래할 수 있다고 주장한 바 있다.

실제로 수출국들이 유사한 산업 부문에 주력하면서 교역 조건이 악화되는 현상이 목격되고 있다. 1990년대 이후 아시아 국가들의 전기전자 부문 수출경쟁이 심화되면서 수출단가가 낮아지고 기업수익성이 낮아졌다. 근래에는 중국의 공급 능력 확대로 철강, 화학, 조선 등 대규모 장치산업 부문의 단가가 빠르게 하락했다. 글로벌 금융위기 이후 주요 국가들의 통화완화가 화폐가치 하락으로 이어지면서 국가 간 갈등이 깊어지는 상황도 반복되고 있다.

교역 규모가 축소될 뿐 아니라 내구재 수요가 위축되는 등 교역 품목의 구성도 우리나라에 불리한 방향으로 작용하고 있다. 금융위기 이후 선진국 소비 중 전기전자 및 자동차 등 내구재 수요 둔화가 뚜렷한 모습이다. 가계부채 위기를 겪는 과정에서 내구재 등 사치성 소비를 줄이고 필수소비와 서비스 소비를 중시하는 경향이 확산됐다. 2000년대 후반 이후 스마트폰혁명 등과 같이 가계의 소비를 주도할 만한 새로운 제품이 나타나지 않는 것도 내구재 소비 둔화 요인이다.

더욱이 최근 국가 간 경쟁이 치열해지는 가운데 대규모 투자를 기반으로 기술 격차를 좁혀오는 중국의 추격과 엔저를 기반으로 하는 일본의 반격이 본격화되고 있다. 중국은 대규모 투자와 기술개발 노력으로 우리와의 격차를 좁히면서 소재, 첨단부품, 고부가가치 소비재 부문에서도 우리 시장을 빠르게 잠식해가고 있다. 중국의 생산 능력이 크게 늘어난 철강, 화학 등 장치산업 부문에서 대중 수출이 급격히 둔화됐다. 최근 들어서는 디스플레이, 반도체, 고급 스마트폰 등 첨단 전기전자 제품으로 경쟁의 영역이 확대되는 모습이다.

엔화 약세 현상이 지속되면서 가격경쟁력이 회복된 일본 기업들의 공세가 본격화될 우려도 있다. 아베 정부는 인플레 경제로의 진입을 위해 과감한 통화확장 기조를 상당 기간 이어갈 것으로 예상되며 이에 따라 엔화 약세 기조가 장기화될 전망이다. 아직까지는 일본 기업들이 떨어진 수익을 높이는 데 전력을 다하고 있지만 점차 투자 확대 및 가격경쟁에 나설 것이다. 일본과 경쟁 관계가 높은 자동차 부문의 충격이 클 것으로 보이며 철강, 화학, 조선 등 장치산업과 미래 첨단산업 부문도 부정적 영향을 받을 것으로 예상된다.

경상흑자와 원화절상 장기화가 가져올 위험
–

  일본의 수출경쟁력 급락을 가져온 엔고 현상은 우리나라에 있어서 현재형은 아니지만 미래형으로 작용할 가능성이 매우 높다. 즉, 중기적으로 원화절상과 이에 따른 수출가격경쟁력 저하 현상이 지속될 우려가 크다는 뜻이다. 현재 우리나라가 처한 상황, 즉 높은 경상수지 흑자와 원자재가격 하락 흐름은 1980년대 중반 이후의 일본과 흡사하다.

  당시 일본은 플라자합의 이후 빠르게 진행된 엔고에도 불구하고 대규모 경상흑자가 지속됐는데 여기에는 2차 오일쇼크 종료로 원유가격이 하락했던 점도 크게 작용했다. 원유 수입 금액이 줄어들면서 경상흑자가 유지되는 원인이 됐던 것이다. 경상흑자가 다시

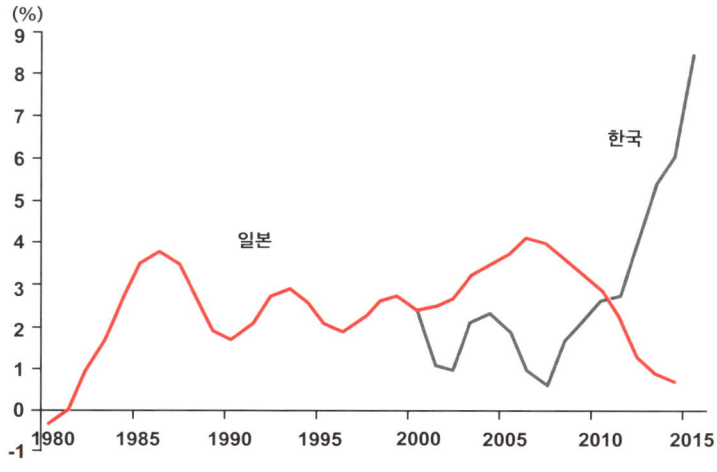

그림 21 한국과 일본의 경상수지/GDP 비중

자료: 일본 통계국, 한국은행.

엔고의 원인이 되면서 일본 기업들의 가격경쟁력이 크게 낮아졌으며 결국 한국, 독일, 미국, 대만 기업에 수출시장을 빼앗겼다. 엔고를 피하기 위한 해외 진출 확대 러시가 일본의 제조업공동화로 이어지는 등 엔고는 잃어버린 20년의 중요한 원인이 됐다.

우리나라의 경상수지는 2015년 기준 1,000억 달러를 넘어 GDP의 8%를 웃돈다. 이와 같은 대규모 경상수지 흑자는 독일 등에 이어 세계 최고 수준이다. 과거 일본이 대규모 흑자로 선진국의 경계 대상이 됐을 때도 경상수지 흑자는 GDP의 3~4% 수준에 불과했다.

더욱이 세계적으로 제조업보다 서비스업이 강조되면서 원자재 수요가 둔화되고 셰일오일 등 비전통 석유 생산이 늘면서 원자재 가격은 하향세를 지속할 전망이다. 우리나라는 전체 수입에서 원자재가 차지하는 비중이 75.5%나 된다. 이는 전 세계적으로도 높은 수준이다. 원자재 수요는 가격에 대해 비탄력적이기 때문에 원자재가격 하향은 결국 우리나라 전체 수입 둔화로 이어질 가능성이 높다. 높은 수출용 수입 비중, 만성적 내수 부진도 수입이 늘어나기 어려운 이유다. 결국 수출 부진에도 불구하고 수입도 함께 위축되면서 대규모 경상수지 흑자가 장기화될 수 있다. 지금은 미국 금리 인상에 따른 선진국들의 자금 회수로 인해 원화가 약세를 보이고 있지만 장기적으로 이처럼 높은 경상수지 흑자가 지속되기는 어려우며 점차 원화가 또다시 절상 압력을 받게 될 것이다. 일본처럼 경상수지 흑자와 원화절상이 이어지면서 우리 제조업이 경쟁력을 잃어가는 상황이 재현될 수 있다는 말이다.

일본보다 더 빠르게 늙어간다

　우리나라와 과거 일본의 유사성을 비교할 때 가장 많이 강조되는 점이 바로 인구고령화에 따른 노동력 부족 현상이다. 통계청이 출산율 등을 고려해 추정한 결과 우리의 인구고령화가 진행되는 속도는 당시 일본보다 더 빠를 것으로 예상된다. 일본의 65세 이상 고령인구 비중은 1990년 12.1%에서 2010년 23.0%로 20년간 연평균 0.5%p씩 높아졌다. 우리나라의 고령화율은 2013년 12.2%로 일본의 1990년 수준과 비슷하다. 하지만 20년 후인 2033년의 고령화율은 26.7%로 예상되어 일본보다 인구고령화가 빠르게 진행될 것으로 추산된다.

　우리나라의 생산가능인구는 2016년을 기점으로 해서 감소세로

그림 22 세계 최저 수준의 우리나라 출산율

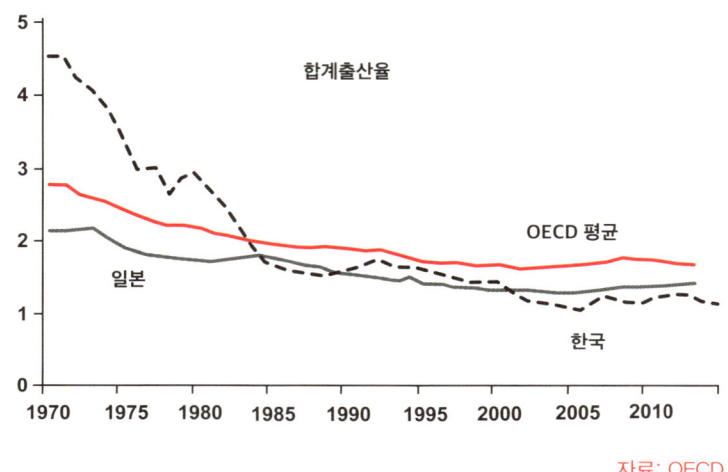

자료: OECD.

돌아설 것으로 추정된다. 인구고령화 때문이다. 2016년 15~64세 인구는 3,704만 명으로 정점에 달했다가 이후 계속 줄어들어 10년 후인 2026년에는 3,451만 명, 20년 후인 2036년에는 3,045만 명으로 줄어들게 된다. 20년 동안 22%, 매년 1% 이상씩 생산가능인구가 줄어든다는 것이다. 일본은 생산가능인구가 1995년의 8,726만 명을 정점으로 줄어들기 시작했는데 2010년 8,174만 명으로 연평균 0.5%씩 감소했다. 우리나라의 생산가능인구 감소 속도가 2배에 달하는 셈이다.

이는 우리나라가 세계적으로 낮은 출산율을 보이는 데 따른 것이다. 우리나라의 출산율 저하 추세는 주요 선진국들에 비해 훨씬 빠른 속도로 진행됐다. 1960년 우리나라 가임 연령 여성 1인당 출산율은 6.0명이었으나 이후 빠르게 하락해 1980년대 초반 인구 유지 출산율인 2.1명 아래로 낮아졌다. OECD 평균 수준에 도달한 이후에도 출산율 하락 추세는 지속되어 2005년 1.08명까지 떨어졌다. 2014년 현재 우리나라의 합계출산율은 1.20명으로 OECD 국가 중 가장 낮은 수준이다. 선진국 중에서는 재정위기를 겪고 있는 이탈리아나 그리스가 출산율이 낮지만 그래도 1.3명 수준으로 우리보다는 높다. 일본의 경우 합계출산율이 2005년 1.26명을 저점으로 반등해서 최근에는 1.43명까지 높아졌다.

한 국가의 노동력 총량을 계산할 때는 노동 인력의 수도 중요하지만 근로시간도 중요하다. 근로시간이 줄어들면 그만큼 투입되는 노동력의 총량이 줄어들기 때문이다. 우리나라는 생산가능인구가 줄어드는 속도가 일본보다 빠를 것으로 예상될 뿐 아니라 근로시간 감소도 더 빠르게 진행될 것으로 보인다.

과거 일본의 상황을 살펴보면 근로시간 감소가 장기침체에 영향을 미쳤다는 분석들이 다수 제기된다. 앞에서 언급했던 하야시 교수와 프레스콧 교수는 일본의 근로시간이 1980년대 후반 이후 줄어든 점 역시 생산성 저하와 함께 일본의 잠재성장률을 떨어뜨린 주요 요인이라고 주장한다. 일본에서는 1988년 40년 만에 근로기준법이 대대적으로 개정됐고, 법정근로시간이 주당 48시간에서 40시간으로 줄었다. 이후 1992년과 1998년의 개정을 통해 근로시간이 더 줄어들고 공휴일과 유급휴가가 확대 시행됐다. 1990년대 일본의 근로시간은 연평균 1%씩 꾸준히 줄어들면서 노동투입을 빠르게 떨어뜨리는 역할을 했다. 다만 2000년대 이후에는 근로시간이 선진국 평균 수준에 근접하면서 추가적인 하락폭은 크지 않았다.

우리나라는 2003년 근로기준법 개정으로 주5일 근무제가 도입되면서 이를 시행하는 사업장들이 단계적으로 늘어났고 이에 따라 근로시간이 빠르게 줄어들었다. 2000년대 들어 매년 1%씩 감소했지만 아직도 줄어들 여지가 매우 크다. 우리나라는 여전히 세계적으로 긴 근로시간을 가지고 있기 때문이다. 전체 취업자의 연간 근로시간은 2,124시간으로 OECD 국가 중 멕시코에 이어 두 번째로 길다. 우리 근로자들은 OECD 평균에 비해 20% 정도 긴 시간 동안 근무하는 셈이다. 특히 일본과 비교해보면 2014년 우리나라 상용근로자의 월평균 근로시간은 177.1시간으로 나타나 24년 전인 1990년 당시 일본의 171시간보다 더 길다. 그동안 전 세계적으로 근로시간이 감소하는 흐름이었음을 감안하면 우리나라는 과거 일본보다 근로시간이 더 줄어들 여지가 크며 감소 추세가 더 오래 지속될 가능성이 크다.

주5일 근무제가 점차 확산되고, 빈번하게 야근을 하던 근로문화

가 점차 바뀌고 있다. 직장 생활을 가장 우선시하던 기성세대와는 달리 현재 젊은 층들은 직무와 개인 생활을 분리하는 성향이 강하다. 더욱이 남성 중심의 노동시장에서 여성들의 경제활동 참여가 늘어나고, 고령근로자의 비중이 확대되면서 장시간 근무하기를 꺼리는 분위기가 조성되고 있다. 파트타임으로 일하는 시간제 근로자가 늘어나는 점도 근로시간을 줄이는 요인이다.

노동시간의 감소가 일하는 문화의 혁신과 함께 이루어져 보다 생산성이 높은 근로 형태로 바뀔 것인가도 불확실하다. 일본의 경우 전체적으로 근로시간은 감소했지만 여전히 근로시간으로 성실성을 평가받는 관행이 강하다. 부하직원이 야근이나 휴일 근무를 하는 것을 긍정적으로 생각하는 경향이 아직도 남아 있다. 구미 각국처럼 짧은 근로시간 동안 집중 근무해서 시간당 생산성을 높이는 방향으로의 변화가 부족한 것이다. 일하는 문화가 바뀌지 않았기 때문에 근로시간의 감소가 여성 근로자의 결혼과 출산을 촉진하는 효과도 크지 않았다.

향후 우리나라의 근로시간 감소가 일하는 문화의 혁신으로 이어져 창조적인 아이디어와 집중적인 근로 관행이 강화될 수 있을지는 중요한 문제다. 시간당 노동생산성이 높아지고, 젊은 남녀 근로자들이 일과 가정생활을 병행할 수 있다면 저출산 억제에도 도움이 될 것이기 때문이다.

인적자본 손실의 심각성: 니트족의 증가와 도전정신 부족

고용의 양적 측면뿐 아니라 질적 측면에서의 손실도 우려된다. 일본의 성장 활력 저하가 장기화된 원인 중 하나로 청년층의 인적자본이 손상됐기 때문이라는 주장이 있다. 버블 붕괴기에 기존의 고용은 종신고용제에 의해 보호된 상태에서 수요 충격으로 청년실업이 크게 늘었고 이것이 청년층의 인적자본을 훼손시켰다는 것이다. 청년층은 일자리를 얻지 못함으로써 업무를 통해 숙련도를 높일 기회를 빼앗겼다. 또한 세계화로 기술과 시장이 빠르게 바뀌는 상황에서 기존의 기술에 종속된 고령층 노동자의 비중이 커지면서 세계적 환경 변화에 적응하지 못한 점도 있다.

우리나라에서도 2000년대 들어 다른 연령층에 비해 청년층의 실업이 크게 높아진 바 있다. 우리나라의 청년실업률은 외환위기 이전 5.5%에서 2000년대에는 7%대로 높아졌으며, 2014년부터는 9%를 넘어섰다. 취업이 어려워 경제활동에 참여하기를 포기하고 노동시장에서 멀어지는 청년들이 늘어나면서 청년층 고용률도 40% 내외로 낮은 수준이다.

인적자본의 질이 떨어지는 정도를 낙인 효과(scarring effect)로 가늠해볼 수 있다. 낙인 효과란 청년기 실업 경험으로 인해 평생 손실을 입게 되는 임금손실분을 의미한다. 이 중 일부는 실업 경험이

그림 23 졸업 후 실업 경험이 임금 감소와 고용 기회 감소로 이어져

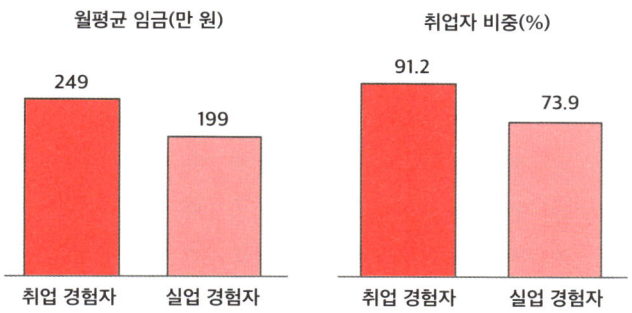

주: 2011년의 취업 경험에 따른 2013년의 임금 수준 및 취업자 비중.
　　실업 경험자는 공식 실업자 외에 사실상의 실업자(구직 단념자, 취업준비자 등)도 포함.
자료: 한국고용정보원의 대졸자 직업이동경로조사(2010년 졸업자)를 토대로 LG경제연구원 계산.

고용주에게 부정적인 이미지를 주는 데 따른 효과이겠지만 상당 부분은 실업으로 인한 직무 경험의 습득 부족에 의한 것이다.

한국고용정보원의 대졸자 직업이동경로조사 통계를 이용해 2010년 대학 졸업자들의 2013년 취업과 임금 경로를 분석해보았다. 그 결과 대학 졸업 후 실업 상태를 경험한 청년층은 3년 후인 2013년에 취업할 확률이 73.9%인 반면, 취업 경험이 있는 청년층의 취업 확률은 91.2%로 17.3%p가량 차이가 났다. 임금 면에서 보면 대학 졸업 후 실업 상태를 경험한 청년층은 취업 경험이 있는 청년층에 비해 2013년의 임금이 월평균 50만 원 낮았다. 조사대상

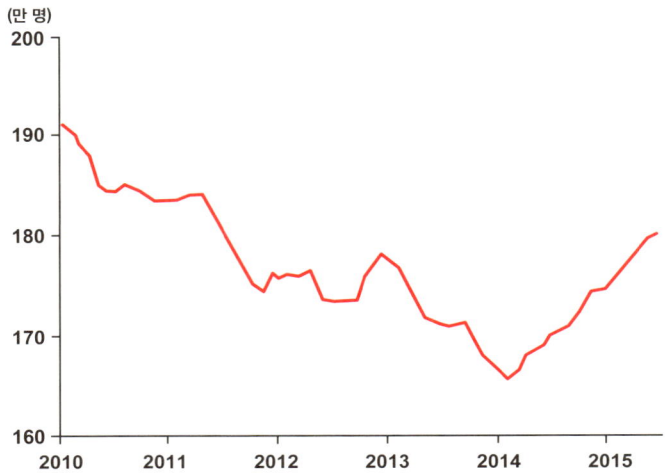

그림 24 최근 니트족 증가 추세

주: 니트족은 15~29세 생산가능인구 중 취업자 및 학생을 제외한 것으로 정의.
자료: 경제활동인구조사 원자료를 토대로 LG경제연구원 계산.

취업자 평균 임금이 249만 원임을 감안할 때 실업 경험으로 임금이 약 20% 낮아진 셈이다. 2013년 청년층 유사 실업자 규모가 84만 명임을 감안할 때 이들 모두가 같은 비율로 임금손실을 입는다고 가정하면 총 임금손실 규모는 5조 원에 달한다.

청년실업이 장기화되면 근로 의지가 급격히 떨어져 아예 취업 자체를 포기해버리는 청년층이 양산될 우려가 있다. 일자리를 가지지도 않고 교육을 받고 있지도 않은 청년층을 일컫는 말로 니트족이라는 용어가 있다. 영국에서 만들어낸 조어인 니트는 원래 취업하고자 하는 의사가 있으나 일자리가 없어서 취업하지 못하는 16~18세 청소년층을 일컫는 개념이었다. 그러나 1990년대 이후 일본의 급격한 사회구조 변화 속에서 니트족의 범위는 15~34세 인구로 확대됐고, 일하려는 의지가 없고 사회적 관계나 성공에 무관심한 청년층을 대변하는 용어가 됐다. 일본의 니트족은 1990년대를 지나면서 약 1.5배 늘어났다. 특히 25~34세 연령층에서 2배 가까이 증가한 것으로 분석된다. 청년층 후반 연령대의 니트족이 크게 늘어나는 것은 결국 청년실업의 장기화가 근로 의지의 상실로 이어짐을 의미한다.

우리나라의 니트족은 2015년 현재 180만 명에 달하는 것으로 추계된다. 특히 고학력자의 니트화가 진행되고 있다. 이는 청년층 대부분이 고학력자인 반면 경제성장세는 낮아지면서 눈높이에 맞는 일자리를 찾지 못한 청년들이 근로 의욕을 잃고 구직을 포기하기 때문으로 보인다. 더욱이 니트족의 활동 상태를 살펴보면 '그냥 쉬었음'에 해당하는 사람이 다수를 차지해 인적자본 손실의 심각성을 말해준다.

구직활동을 지속하는 청년들은 새로운 일에 도전하기보다는 안정적인 직장을 선호하는 경향이 크다. 일반적으로 경제 활력이 급격히 저하되거나 커다란 경제위기를 겪을 때 사회적으로 안정을 추구하는 경향이 강해진다. 일본은 전통적으로 안정 추구 성향이 강한 것으로 알려져 있는데, 특히 버블 붕괴 이후 이러한 경향이 더욱 뚜렷해졌다. 일본 내각부 조사에 따르면 일본인들 중 고민이나 불안을 느끼는 사람들의 비중이 1980년대와 1990년대 전반에는 50% 전후를 기록하다가 버블 붕괴 이후 크게 높아져 2000년대 말에는 70% 수준에 이르렀다.

일본인들의 안정 지향성은 청년층의 취업 선호에도 뚜렷하게 나타난다. 일본에서는 1990년대 이후 중소기업 회피와 대기업 및 공무원 선호 현상이 강화됐다. 특히 최근 들어 대기업의 경기가 어두워지면서 안정처로서 공무원 선호 현상이 강해지고 있다. 휴학 등으로 학생 시기를 인위적으로 연장하면서 취직에 있어서 유급을 하는 현상도 보편화됐다.

우리나라에서도 청년들의 도전정신이 약해졌다고 우려하는 목소리가 높아지고 있다. 2015년 9급공무원 공채시험 경쟁률이 50대 1을 넘어가는 등 공무원시험 경쟁률이 높은 상황이다. 일반직 공무원시험 준비를 하느라 비경제활동인구로 분류된 청년층 인구는 2015년 기준 22만 명에 달한다. 많은 젊은 층 인력들이 수년간의 시험 준비에 매달리면서 인적자원이 낭비되는 셈이다. 청년층 창업도 활발하지 못하다. 정규직종에 취업하기 어려운 청년들이 창업에 나서고 있지만 대부분 도소매, 음식숙박 등 전통적인 업종에 집중되고 있으며 새로운 영역에 대한 도전이 부족하다.

이대로 가면 한국의 잠재성장률은 계속 하락한다

—

　수출 부진에 따른 생산성 저하에 노동의 양적·질적 위축까지 겹치면서 우리나라의 잠재성장률은 급격하게 떨어지고 있다. 최근 우리나라의 경제성장을 성장회계 방식을 이용해 분석해보면 잠재성장률이 1980년대 9.9%에서 1990년대 7.0%, 2000년대 글로벌 금융위기 이전까지 4.6%에서 2010년대에는 3.0%까지 낮아졌다. 생산요소의 투입 면에서 보았을 때 이 기간 중 성장 기여도가 가장 크게 하락한 부분은 생산성인 것으로 나타났다. 총요소생산성의 성장 기여도가 1.1%p 하락해 성장률 저하의 대부분을 설명한다. 과거 장기침체를 경험한 국가들과 유사한 결과다. 자본의 성장 기여도 역시 0.7%p로 크게 낮아졌으며 노동의 경우는 오히려 기여도가 0.3%p 높아졌다.

　생산성 증가 속도가 크게 떨어진 원인으로는 우선 그동안 생산성 상승을 주도했던 수출제조업의 활력이 약해졌다는 점을 들 수 있다. 우리나라의 산업별 성장률을 보면 서비스업은 위기 전후의 성장률이 0.5%p 하락하는 데 그쳤지만 제조업 성장률은 3.3%p 하락했다. 더 큰 문제는 제조업 내에서도 생산성 상승 속도가 크게 떨어진다는 것이다. 산업별로 성장요인을 분석해보면 제조업 부문에서 생산성의 성장 기여도는 위기 이전 6.6%p에서 2011~2013년

표 2 우리나라의 잠재성장률 추이

	GDP (%P)	노동 (%P)	자본 (%P)	생산성 (%P)
1980년대	9.9	1.6	4.5	3.6
1990년대	7.0	0.7	4.0	2.3
2000~2008년	4.6	0.3	2.0	2.3
2011~2014년	3.0	0.6	1.3	1.2

주: 생산함수 접근법으로 추정. 1980~2013년까지 분기 자료를 이용했음. 노동투입은 근로시간과 취업지수로 나누어 분석했으며 자본소득은 한국은행 대차대조표 자료를 국민계정의 총고정자본형성으로 연장. 자본, 노동, 생산성은 성장 기여도 수치임.
자료: 한국은행 통계청 자료를 이용해 계산.

기간 중에는 2.1%p로 낮아졌다.

여러 가지 요인이 있겠지만 장치산업 부문에서 대규모 투자와 생산을 통해 규모의 경제 효과를 누리던 성장전략이 이제는 유효하지 않게 된 데 따른 원인이 크다. 앞에서 언급했듯이 2000년대 중국을 비롯한 개도국들이 우리나라와 유사한 산업 부문에 진출하면서 세계적으로 공급과잉이 우려될 정도로 설비가 크게 늘었다. 결국 이는 동일한 자본투자의 수익성을 떨어뜨리는, 즉 자본의 한계생산성을 떨어뜨리는 요인으로 작용했다. 실제 자본의 한계생산성은 1990년대 빠르게 하락했으며, 2000년대 들어서도 꾸준히 낮아지고 있다.

제조업과 함께 건설업 부문에서도 생산성 저하가 심각했다. 건설업은 2000년대 위기 이전까지도 총요소생산성 증가율이 제로 수준에 머물렀는데 위기 이후에는 평균 −2.8%로 떨어졌다. 건설 수요는 늘지 않는 가운데 공급이 과도하게 이루어지면서 건설기업 간 경쟁이 심화된 데 따른 것으로 보인다. 서비스업도 총요소생산성 증가율이 제로에 가까운 수준으로 낮아졌는데 이는 노동 부문에서의 투입이 주로 생산성 증가 속도가 낮은 전통적 서비스업을 중심으로 이루어지기 때문으로 판단된다.

앞으로 잠재성장률의 하향 추세는 빠르게 진행될 것으로 예상된다. 현재 우리나라는 노동투입 확대가 성장을 이끌어가는 형국이다. 지난 4년간 우리나라의 취업자 증가 수는 평균 44만 명에 달해 위기 이전 호황기의 39만 명을 오히려 상회했다. 그러나 고령화가 빠르게 진행되는 우리 경제가 노동투입을 계속 늘리기는 쉽지 않다. 고용 증가가 대부분 은퇴 연령을 중심으로 전통적 서비스업 부문에서 이루어지고 있는데 이 부문의 생산이 포화 상태에 이르고 있다. 2015년까지 빠른 고용 증가를 보였던 도소매업이나 개인 서비스업의 고용이 2016년 들어 이미 크게 둔화됐으며 자영업자 수도 줄어들고 있다.

중기적으로 보면 노동투입 여력은 더 빠르게 줄어들 것이다. 생산가능인구의 감소, 근로시간 단축 등을 고려할 때 노동 부문은 2020년부터 2030년까지 연평균 경제성장을 0.5%p씩 떨어뜨리는

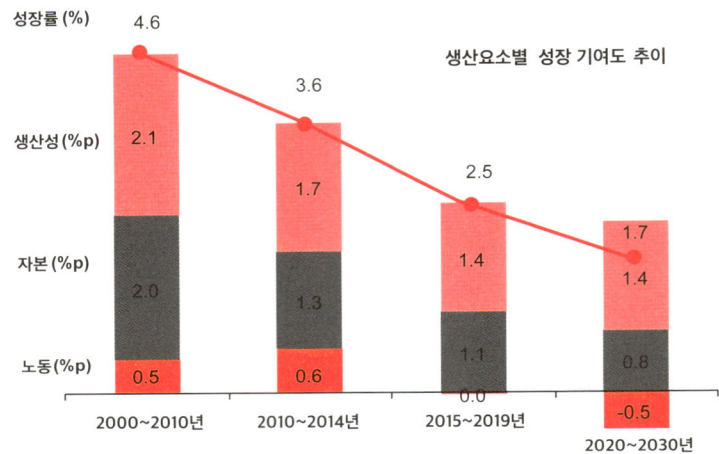

그림 25 잠재성장률 2020년대에는 2% 아래로 떨어질 전망

주: 고용률은 지난 10년간 평균 증가하는 속도로 높아진다고 가정했으나 65세 이상 고용률은 33.0% 수준에서 상승이 멈추는 것으로 가정.
근로시간은 2000년대 평균 속도인 0.71%씩 떨어지는 것으로 가정.
자본소득 증가세도 2000년대 둔화 속도가 이어지고,
생산성은 2014년의 생산성 증가 속도가 이어지는 것으로 가정.
자료: 한국은행 통계를 이용해 계산.

요인이 될 전망이다. 만약 현재와 같은 자본투입 둔화 추세와 생산성의 낮은 성장 기여도가 유지된다고 가정하면 향후 5년 우리나라의 잠재성장률은 2%대 중반으로 위축되고 2020년대에는 1% 중반으로 낮아질 것이다. 경제의 생산성을 끌어올리지 못한다면 우리나라도 조만간 장기침체 국면에 들어설 수도 있다.

디플레이션의 위협

경제의 성장잠재력이 낮아진 상황에서 자산 버블 붕괴가 일본의 경기침체를 촉발시켰다면 경제가 다시 반등하는 것을 어렵게 함으로써 부진을 장기화시켰던 요인들이 있다. 첫째, 1990년대 후반부터 발생한 디플레이션으로 물가가 계속 떨어지면서 경제 주체들의 혼란이 커졌다. 둘째, 일정 기간 이상의 침체가 지속되면서 소비심리가 과도하게 위축되어 이것이 성장을 떨어뜨리면 다시 소비심리가 위축되는 악순환이 발생했다. 마지막으로 장기침체 리스크를 낙관했던 일본정부는 미숙한 정책 대응으로 경기 부진을 장기화시키고 부작용을 심화시키는 역할을 했다.

최근 우리나라에서도 낮은 물가로 디플레 우려가 커지고 또 소비 심리가 계속 떨어지는 등 유사한 현상들이 나타나고 있다. 과거 일본의 사례를 반면교사로 삼을 수 있는 기회에도 불구하고 잠재성장력을 높일 수 있는 정책들이 적시에 시행되고 있는지는 불확실하다.

디플레이션은 물가 하락이 장기간 지속되는 현상을 말한다. 높은 물가를 걱정하는 소비자들은 물가 하락을 반길 수도 있겠지만 문제는 일반적으로 디플레이션은 심한 경기침체를 수반하는 경향이 높으며 또한 장기화될 우려가 크다는 점이다.

일본은 1999년부터 2006년까지 7년간 지속적인 디플레이션을 겪었다. 이후에도 현재까지 저물가와 디플레이션이 반복되는 상황이다. 디플레 탈출은 아베노믹스의 가장 중요한 과제 중 하나다. 일본에서 디플레이션이 발생할 때만 해도 디플레이션의 치명적 결과에 대한 불안감은 크지 않았다. 1930년대 대공황 이후 디플레이션은 세계적으로 거의 발생하지 않는 현상이었고, 대공황기 디플레이션의 주범으로 분석되던 금본위제(금의 일정량의 가치를 기준으로 단위 화폐의 가치를 재는 화폐제도) 역시 사라진 지 오래였기 때문이다.

일본이 디플레이션에 빠진 것은 버블 붕괴 후 지속된 경기침체로 소비와 투자 등 수요 부진이 만성화됐고 이에 따라 총수요 부문에서 물가를 끌어올리는 압력이 매우 작았기 때문이다. 금융부실에 따른 통화위축과 엔고에 따른 수입물가 하락이 물가를 더 낮추는 요인으로 작용했다. 1990년대 0%대의 저물가가 만성적으로 지속되다가 1990년대 후반 일본 금융기관의 부실이 본격화되면서 급격한 경기침체가 재현되고 아시아 외환위기로 엔화 강세가 가속화되면서 결국 디플레이션에 빠진 것이다.

경제가 일단 디플레에 접어들면 '디플레이션 악순환(deflation spiral)'이 발생한다. 기업들은 미래 제품가격의 하락으로 수익을 창출하지 못할 것이라는 우려 때문에 투자를 미루게 된다. 가계 역시 가격이 떨어지는 상황에서 되도록 소비를 늦추려고 할 것이다. 결국 소비와 수요가 위축되면서 물가 하락 압력이 더욱 커지는 악순환이 계속된다. 또한 디플레이션은 자산가격의 하락을 통해서도 악순환을 발생시킨다. 벤 버냉키 등이 주장한 부채 디플레이션 이론에 따르면 디플레이션은 채무자들의 부채 부담을 높이기 때문에 채무자들이 자산 매각에 나서게 되고 이로 인해 자산가격이 더 떨어진다. 자산가격 하락에 따른 수요 위축이 물가 압력을 더 떨어뜨리면서 디플레이션이 장기화되는 것이다.

디플레 상황에서는 통화정책도 쓸모가 없어진다. 중앙은행이 돈을 풀어도 가계나 기업이 이를 다시 저축함으로써 돈이 돌지 않고 다시 은행으로 돌아오는 '유동성 함정'이 발생하기 때문이다.

최근 우리나라에서도 디플레이션에 대한 우려가 언론에 자주 등장하고 있다. 2015년 소비자물가 상승률은 0.7%에 그쳤는데, 담배세 인상 효과를 감안하면 거의 제로 수준이라고 볼 수 있기 때문이다. 생산자물가 상승률은 -4%를 기록했다. 물론 국제유가가 급락한 데 따른 일시적인 원인이 크기 때문에 아직 디플레를 우려할 필요는 없다는 반박도 제기되고 있다.

그러나 최근 세계경제 환경의 변화와 우리나라의 잠재성장률 저하를 고려하면 이제 우리도 디플레이션으로부터 자유로울 수 없다. 우선 과거 일본이 디플레이션을 맞이했을 때의 생소함과는 달리 현재는 세계적으로 디플레이션에 대한 우려가 커지고 있는 상황이다. 유로존은 심한 경기 부진과 함께 물가상승률이 플러스와 마이너스를 넘나들면서 디플레이션에 대한 우려가 가장 큰 지역이다. 중국 역시 소비자물가 상승률이 크게 떨어진 데다 생산자물가 상승률은 마이너스를 지속하면서 디플레이션에 대한 우려가 심심치 않게 들려온다.

글로벌 금융위기 이후 물적재화에 대한 소비가 제자리걸음을 하면서 제품을 만드는 데 사용되는 부품과 중간재 수요가 둔화되고 원유와 원자재 소비도 증가세가 멈춘 상황이다. 반면 셰일오일이 등장하면서 원유 공급이 증가하고 금속이나 기타 원자재 역시 생산시설이 늘면서 전반적인 원자재 공급 능력은 확대됐다. 이에 따라 국제 원자재가격의 약세는 장기적으로 이어질 가능성이 크다.

수요 측면에서 인플레이션을 유발시키는 총수요 압력이 낮은 데

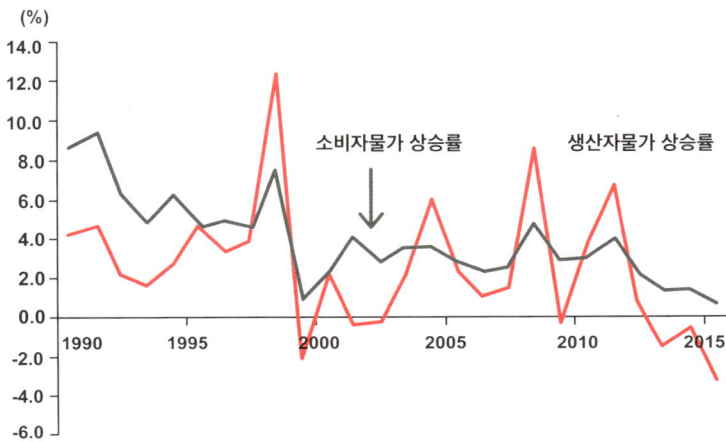

그림 26 뚜렷한 물가 하향 추세

자료: 통계청.

다 공급은 늘어나면서 세계적인 저물가 기조가 지속될 것으로 예상된다. 그 과정에서 경기 위축과 수요 부진이 확대되는 국가들, 통화정책 대응이 미흡한 국가들은 언제든지 디플레이션에 빠질 위험이 있다.

물론 디플레이션 상황은 쉽게 나타나기 어렵다. 사람들은 물가가 계속 상승하는 인플레이션 경제에 익숙해져 있기에 인플레이션을 기대하는 심리가 강하다. 인플레이션에 대한 기대 심리가 있으면, 자신이 받는 임금이나 자신이 판매하는 물건의 가격이 홀로 정체하면 사실상 손실을 보는 셈이기 때문에 정례적인 임금 인상이나 물건가격 인상을 당연하게 생각한다.

　그러나 저물가가 지속되면 인플레이션 기대 심리가 점차 낮아질 것이다. 경기 부진으로 일자리나 사업이 위협받고, 임금이나 판매가를 올리지 못하는 상황까지 이른다면 결국 경제는 디플레이션에 빠질 수 있다. 일본은 디플레이션에 빠지기 전 7년 동안 0%대 인플레이션을 기록했다. 이는 낮은 물가상승률이 지속되는 과정에서 인플레이션 기대 심리가 점차 낮아져 결국 디플레이션에 이른 것으로 볼 수 있다.

　우리나라가 지금 당장 디플레이션상황에 빠진 것은 아니지만, 경기 부진 속에 한국은행의 물가목표에 미치지 못하는 저물가가 장기간 지속되고 있다는 점은 경계해야 한다. 2013년부터 우리 소비자물가 상승률은 2% 미만의 낮은 수준에서 머물고 있다. 이에 따라 사람들의 인플레이션 기대 심리도 계속 낮아지는 상황이다. 지금은 디플레이션이 생소하지 않은 용어가 됐으며, 이에 따라 사람들의 인플레이션 기대 심리가 디플레이션 기대 심리로 바뀌는 것이 과거 일본보다 더 빨리 이루어질 수 있다.

악화되는 불안 심리가 경제회복의 걸림돌

일본은 2차 오일쇼크 이후 성장률 저하와 함께 소비성향(소득에 대한 소비지출의 비율)이 장기적으로 하락하는 현상을 경험했다. 1981년 일본 가계의 평균 소비성향은 79.2%였으나 1990년에는 75.3%로 떨어졌고 1998년에는 71.3%까지 하락했다. 여기에는 경제성장률이 급격하게 떨어지면서 사람들의 불안 심리가 커진 것이 크게 영향을 미쳤다.

일본의 평균 경제성장률은 1960년대 10%에서 1970~1980년대 4~5%로, 1990년대부터는 0%대로 성장세가 급격히 꺾였다. 이처럼 성장 속도가 뚝 떨어지면서 일본의 가계는 고성장기에 예상했던 것보다 미래에 소득을 벌어들이지 못할 것이라는 우려가 커졌

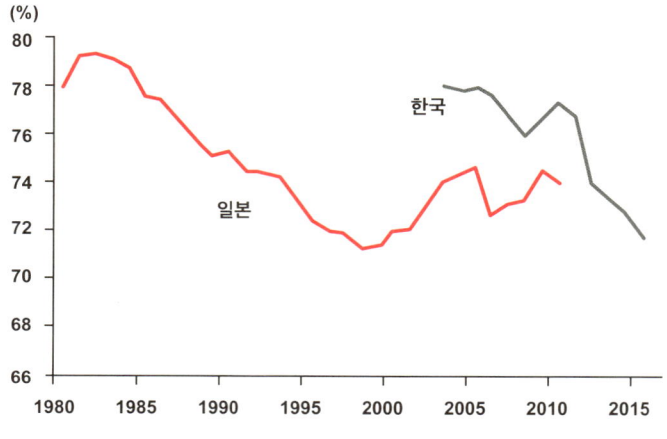

그림 27 우리나라 평균 소비성향의 가파른 하락

자료: 일본 및 한국 통계청.

고, 이에 따라 이전보다 더 소비를 줄이고 허리띠를 졸라매는 경향이 강해졌을 것이다. 1990년대 이후 경제가 제로성장기에 접어들었을 뿐 아니라 부동산가격과 주가가 급락하면서 그동안 모아뒀던 노후 대비 저축이 부족해지자 소비성향 하락 추세가 멈추지 않았던 것으로 보인다. 더불어 버블 붕괴를 계기로 구조조정을 위한 정리해고가 실시되면서 종신고용의 개념이 무너지고 이것이 근로자들의 불안 심리를 더욱 키우는 역할을 했다.

개별 가계의 입장에서는 저축을 늘려 미래에 대비하는 것이 필요하지만 국가경제 측면에서는 좋지 않은 결과를 낳는다. 전반적인 소비가 위축되면 매출이 줄어든 기업들이 근로자 채용을 꺼리고 임금도 올리지 못하게 되어 가계의 소득이 줄어든다. 소득이 줄어든 가계는 다시 소비를 줄이는 소비 위축의 악순환이 발생한다. 결국 소비 부진이 계속되면서 일본의 경기침체를 장기화시키는 역할을 했다.

문제는 최근 우리나라에서도 이러한 조짐이 나타나고 있다는 점이다. 우리나라 가계의 평균 소비성향은 글로벌 금융위기 이후 빠른 하락세를 보이고 있다. 가계 평균 소비성향은 2010년 77.3%에서 2015년 72%까지 떨어졌다. 일본에 비해 소비성향이 떨어지는 속도가 더 가파르다.

일본에서는 모든 연령층에서 비슷한 속도로 소비성향이 떨어진 반면 우리나라는 50대 이상 연령층에서 소비성향 하락이 가파르다. 은퇴가 시작되는 50대와 60대 이상 고령층은 사실 노후 대비가 제대로 되어 있지 못한 상황이다. 자녀들의 대학진학률이 급격하게 높아졌고 대학등록금도 빠르게 상승하여 교육비 지출 부담이 컸던 탓에 노후자금을 충분히 모으지 못했다. 더욱이 과거에는 실물자산과 금융자산을 보유하고만 있어도 미래수익이 어느 정도 확보됐으나 부동산가격의 대세 상승에 대한 기대가 꺾이고 금리도 낮은 수준을 유지하면서 50대 이상 연령층은 보유자산의 수익창출력이 떨어지는 것을 체감하고 있다.

이와 함께 우리나라 국민들의 기대수명 역시 빠르게 늘어나는 추세다. 평균수명이 점차 길어지면서 부족한 은퇴자산을 더 오랜 기간 동안 나누어 써야 할 형편이다.

특히 우리나라에서 고령층의 소비성향 하락이 심각한 것은 그만큼 공적인 노후보장이 부족하기 때문이다. 일본의 경우 연금개혁과 개호보험 등 노후보장 확대로 미래에 대한 불안감이 줄어들면서 2000년대 들어 고령층의 소비성향이 빠르게 반등한 바 있다. 일본 고령층의 공적연금 수령액은 월평균 16만 엔에 달해 우리나라의 3배 수준이다.

우리나라도 사회보장 규모가 추세적으로는 확대되겠지만 연금의 예상 고갈 시점이 계속 앞당겨질 것이라는 분석이 제시되는 상황에서 빠른 시일 내에 노후보장이 일본만큼 확대되기는 어렵다. 따라서 고령층이 노후를 위해 소비를 줄이는 현상은 앞으로도 오랫동안 이어질 가능성이 크다.

더욱 우려되는 점은 장기 성장잠재력이 앞으로도 계속 떨어지면 청년층과 40대 이하 장년층의 소비성향도 더 떨어질 여지가 크다는 것이다. 경제의 장기적인 성장세가 떨어질 것이라고 예상하면 장래에 그만큼 벌어들일 수 있는 소득이 줄어들기 때문에 사람들은 지금부터 소비를 줄여서 미래에 대비하려고 한다. LG경제연구원의 분석에 따르면 사람들이 예상하는 장기 평균 성장률이 0.1%

떨어지면 소비성향은 단기적으로 1%p까지 떨어질 수 있으며 앞으로 소득을 벌어들일 수 있는 기간이 더 긴 청년층일수록 소비성향이 떨어지는 정도가 더 크다. 결국 고령층에서 시작된 소비성향 저하 추세가 장년층과 청년층으로 확산되면서 앞으로도 당분간 우리 경제에서 소비 심리 위축 현상이 지속되고 이것이 경제회복의 걸림돌로 작용할 것으로 보인다.

장기침체에 대한 경계가 절박하다

지금까지 1990년대 이후 일본과 현재 한국이 처한 상황을 비교해보았다. 일부 측면에서 우리나라는 일본만큼 상황이 심각하지 않았지만 또 어떤 측면에서는 일본보다 더 어려운 점도 존재한다. 자산가격의 거품이 존재하지 않는다는 점에서 우리나라가 일본처럼 단기간 내에 제로성장에 도달한 후 저성장이 지속되는 일본형의 급격한 침체에 빠질 가능성은 다소 낮다고 판단된다.

그러나 수출경쟁력이 떨어지고 노동투입이 감소해 잠재적인 성장력이 저하될 수 있다는 점은 일본과 마찬가지다. 특히 우리나라가 현재 처한 세계경제 환경은 1990년대보다 훨씬 수출 중심 국가들을 어렵게 하고 있다. 여기에 고령화에 따른 생산가능인구의 감소와 근로시간 단축 속도가 일본보다 더 빠를 것이라는 점은 장기 침체 가능성을 높이고 있다.

부진을 장기화시키고 회복 모멘텀을 억제하는 역할을 했던 요인들, 즉 디플레 발생 가능성, 소비성향 저하 등은 우리나라에서도 최근 조짐이 나타나는 현상들이다. 우리나라의 성장 저하 추세가 본격화되면 디플레 발생 리스크는 더욱 커질 것이다. 노후 대비 부족에 따른 소비성향 저하도 단기간에 해결하기 어려운 문제다.

우리가 일본보다 긍정적인 면은 일본의 사례를 반면교사로 삼아 경제위기 극복 대책을 마련할 수 있다는 것인데 실제 경제정책의 준비는 아직 덜 되어 있는 듯하다. 이는 상황에 대한 낙관에서 비롯한 것으로, 우리도 장기침체에 빠질 수 있다는 절박성이 부족한 데 따른 것이다. 정치적인 화합도 잘 이루어지지 못해 단합하여 위기 상황에 대처하는 모습이 보이지 않고 있다. 국내외 경제 환경이 계속 어려워지는 가운데 제대로 대응책을 마련하지 못한다면 결국 경제의 성장 활력이 지속적으로 떨어지면서 머지않아 1%대 성장기에 도달할 것이다.

세계경제 환경이 우리나라에 불리하게 돌아가고 있는 상황에서 내부적인 변화가 없다면 불황의 장기화는 불가피하다. 지금 우리에게 필요한 것은 단기적으로 어떻게든 수요를 늘려 불황을 극복해보려는 시도가 아니다. 보다 근본적이고 구조적인 변화를 위한 노력을 통해 경제의 체질을 뜯어고쳐야 한다. 특히 정책의 실패가 침체를 더 깊게 하고 길게 한 것으로 평가되는 일본의 정책 사례를 타산지석으로 삼아야 한다.

3장

장기불황을 심화시킨
정책 오류의 교훈

낙관주의의 함정에 빠지다

　일본정부가 잘못된 대응을 한 근본적인 원인은 상황 판단을 잘못한 데 있다. 1990년대 초반 부동산 버블의 붕괴를 계기로 일본 경제는 20년간의 장기침체에 들어섰지만 일본정부는 경제의 어려움이 이토록 오래 지속될 것임을 오랫동안 예상하지 못했다. 일본의 경제기획청이 매년 말 발표하는 성장률 전망을 보면 대부분 다음해 경기가 더 호전된다는 예측을 하고 있었다. 스탠퍼드대학교 호시 다케오 교수에 의하면 1990년대 이후 일본은 고이즈미 정부의 개혁 시기를 제외하고는 줄곧 실제 성장률보다 1%p 이상 높은 전망치를 제시해왔다. 이는 같은 시기 다른 나라 정부들의 전망치보다 더 낙관적인 결과다.

은행부실이 한창이던 1999년 초, 미스터 엔으로 불렸던 사카키바라 에이스케 전 차관은 일본의 은행 문제가 몇 주 안에 끝날 것이라고 공언했다. 일본은행은 디플레이션이 잠시 멈춘 2000년 8월 금리를 인상하면서 향후 일본 경제가 기업투자 확대로 뚜렷한 회복세를 보일 것이고 이에 따라 가격하락 압력이 사라질 것이라고 주장한 바 있는데 이후 일본은 다시 디플레이션 상황에 돌입했다.

침체 기간 중 일본은 잠재성장률을 높게 추정했는데 이에 따라 당시의 낮은 성장률은 일시적인 수요 위축 때문인 것으로 간주되어 구조조정을 미루고 단기 부양책을 지속하는 근거가 됐다. 구조적인 문제를 경기순환적인 현상으로 잘못 판단하면서 정책의 실패가 발생한 것이다. 대부분의 정부 지출이 단기 성과가 높게 나타나는 교통, 철도, 우편, 농림어업 등 일부 공공근로 프로젝트에 집중되면서 투자의 효율성이 떨어졌고 국가부채가 급증하면서 일본의 고질적인 문제점이 됐다.

우리나라 또한 최근 경제를 낙관하는 경향이 강하다. 우리나라의 전망기관 역시 국내성장률을 실제보다 낙관적으로 예상했다. 주요 5개 전망기관의 성장률 전망치와 실적치를 비교해보면 2000년대에는 상향오차와 하향오차가 반복적으로 나타나고 있지만 2011년 이후에는 성장률을 낙관하는 경향이 뚜렷해졌다. 2011~2014년 우리나라 성장률 예상치는 평균 3.7%였으나 실제

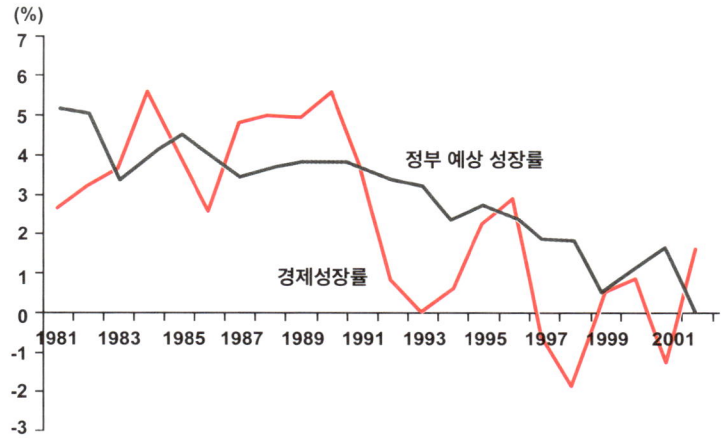

그림 28 일본정부의 낙관적 전망

주: 일본정부의 직전연말 성장률 전망.
자료: Ashiya, "Forecast Accuracy of the Japanese Government" 논문에서 인용.

성장률은 3.0%에 머물렀다. 2014년 말에 이루어진 2015년 경제성장률에 대한 예상 역시 3.6%에 달했는데 실적치는 2.6%에 그쳤다. 국제기구나 투자은행 등 해외에서도 우리 경제성장률을 낙관했다. 정부의 성장률 전망치가 전망기관들의 전망치보다 항상 높았다는 점을 감안하면 우리 정부도 경제가 곧 회복될 것이라 낙관했던 것으로 보인다.

전망 오차가 지속적으로 발생한 보다 중요한 이유는 전망 주체들이 국내외 경제의 근본적인 변화를 과소평가해 기존의 흐름이

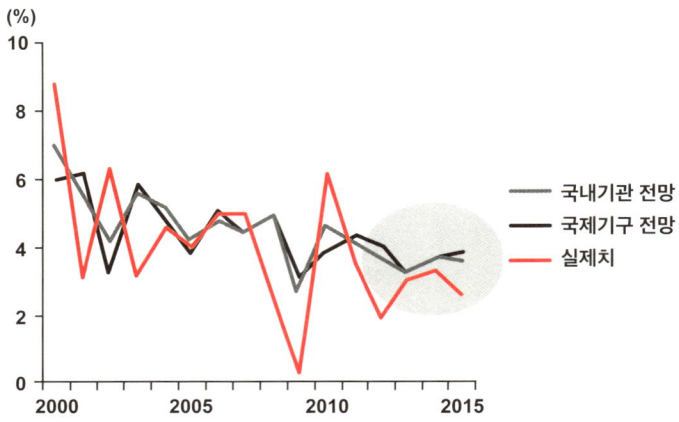

그림 29 근래 들어 지속되고 있는 낙관적인 국내 경제성장률 전망

주: 국내기관은 KDI, LG경제연구원, 산업연구원, 한국은행, 현대경제연구원, 국제기구는 IMF, OECD 기준임. 전망치는 직전연도 최종 발표치 평균값이며 실제치는 다음해 말 발표한 수치로 국민계정 개편 등에 따른 최종 수치와 차이가 있을 수 있음.

계속 유지될 것이라 판단했기 때문이다. 물론 낙관적 전망은 자기실현 효과를 가질 수 있다. 『설계된 망각(The Optimism Bias)』의 저자 탈리 샤롯에 따르면 긍정적인 전망을 하는 사람들은 예측한 결과를 이루기 위해 더 많은 노력을 하므로 전망이 실현될 가능성이 높아진다. 스포츠 경기에 참가하는 선수나 감독들은 좋은 성과를 장담하는 일이 많은데 이는 예상했던 결과를 이루기 위해 더 노력할 것으로 기대하기 때문이다. 국가의 입장에서도 현재와 같이 수요가 위축된 상황에서 미래를 부정적으로 바라보는 것은 경제 주체들의 심리를 위축시켜 경제를 더 어렵게 만들 수도 있다. 정부의 성장률 전망이 다른 연구기관 전망에 비해 높은 것은 이러한 점을 고려하기 때문이다.

그러나 이와 같은 심리적 효과에도 불구하고 현실을 지속적으로 낙관하는 것은 바람직하지 않다. 전망이 계속 틀리면 전망에 대한 신뢰가 떨어지면서 이에 기반한 경제정책의 효과도 줄어들 수 있다. 경제가 좋아질 것이라고 예상해도 소비자들이 이를 믿지 않으면 소비 심리가 살아나기 어렵다.

더욱 중요한 문제는 경제에 대한 잘못된 판단이 잘못된 정책 대응으로 이어질 수 있다는 것이다. 경기 부진이 일시적인 것인지 아니면 장기적인 현상인지에 따라 정책 대응 방향도 달라진다. 일시적인 부진이라면 수요부양을 통해 정상적인 경로로 돌아가도록 하는 정책이 필요하지만 성장잠재력 저하에 따른 구조적인 현상이라면 부양을 통한 효과는 지속되기 어려우며 오히려 장기적인 경제의 건전성을 악화시킬 수 있다. 특히 재정이나 연금 등 장기 전망에 크게 영향을 받는 부문의 건전성이 훼손될 우려가 있다.

현재 우리 정부는 강한 경기부양 의지를 보이면서 3% 성장 등과 같은 단기 목표를 강조하고 있다. 과거에는 세계경제의 높은 불확실성 속에서 수요위축의 악순환을 막기 위한 적극적 부양정책이 어느 정도 필요했지만 이제는 정책의 초점을 보다 장기적인 데 두어야 한다. 구조개혁을 통해 경제의 효율성을 높이고 새로운 성장동력을 찾아 이들 산업이 성장을 주도할 수 있도록 적극적인 규제개혁과 지원에 나서야 할 것이다. 이를 위해서는 우리 경제의 낮아진 잠재성장력을 인정하는 것이 우선되어야 한다.

10년이나 걸린 부실채권 처리

　낙관적 전망으로 구조개혁이 지연된 대표적인 사례는 부실채권 처리다. 이미 살펴봤듯이 일본의 장기불황은 부동산을 비롯한 자산시장의 버블 붕괴로 시작됐으므로 부실채권 문제는 1990년대 초부터 대표적인 경제문제로 대두됐다. 하지만 일본정부가 그 처리에 나서기 시작한 것은 1990년대 말이었고 사실상 완료된 것은 2000년대 초였다. 문제의 발생에서 처리까지 10년이라는 시간이 걸리는 동안 일본 경제는 금융시장의 기능 저하로 회복에 어려움을 겪었다.

　버블 붕괴 직후는 역시 안이한 판단이 지배적이었다. 토지가격의 하락은 일시적이고 그것이 회복되면 토지를 담보로 한 채권도

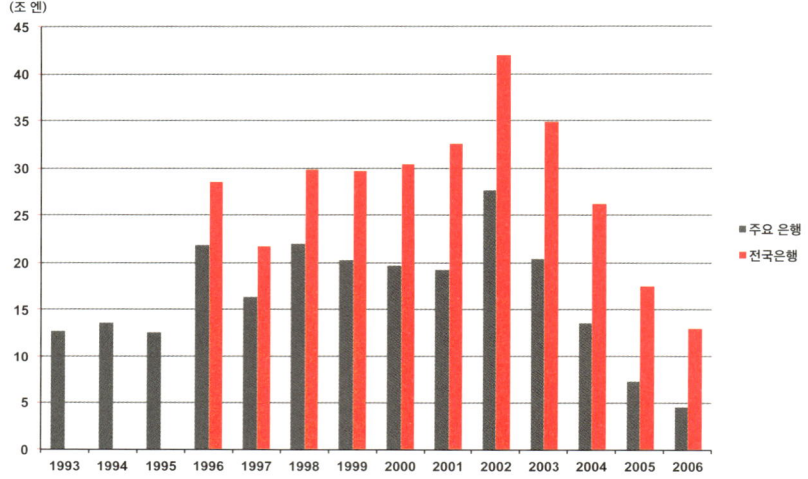

그림 30 일본 부실채권의 추이

자료: 일본 금융청.
주: 주요 은행은 도시은행, 장기신용은행, 신탁은행. 1996년, 1998년의 증가는 부실채권 범주가 확대됨에 따른 것임.

부실에서 벗어날 수 있다는 것이었다. 하지만 1990년대 중반이 되어도 지가는 회복되기는커녕 하락을 지속했다. 결국 1994년부터 1995년 사이에 주택 론을 전문으로 하는 주택금융전문회사(주전)의 부실채권 처리 문제가 대두하고 공적자금의 투입이 시작됐다. 하지만 일본 대장성의 해결 방식은 그전의 '호송선단 방식(가장 경쟁력이 떨어지는 금융회사에 맞추어 이들이 낙오하지 않도록 정책을 운영해 은행불사(銀行不死) 신화를 만듦)'과 달라지지 않았다. 문제가 있는 금융기관을 퇴출시키기보다는 상대적으로 안정된 은행들이 인수하는 방식으로 전체 '선단'을 끌고 간 것이다.

하지만 다른 금융기관들에도 부실채권이 쌓이고 있었기 때문에 이것은 근본적인 해결책이 아니었다. 이러한 미봉책은 과거에는 경기가 회복되면 자동적으로 부실채권 문제가 해소됐기 때문에 나름대로 합리성이 있었다. 그러나 일본 경제가 장기불황에 빠지면서 이러한 임시방편책은 기업부실을 오히려 심화시켰다. 일본형의 친밀한 기업-은행 관계 속에서 은행이 기업부실을 덮기 위해 오히려 대출을 늘려나가자 갚을 능력이 없는 상태로 금융기관의 대출로 연명하는 이른바 '좀비기업'이 늘어났다. 호송선단 방식으로 인해 금융권 전체에 부실채권이 누적되자 점차 은행 자체의 경영위기로 비화하기 시작했다. 그럼에도 불구하고 일본정부는 버블의 주범인 금융회사들에게 공적자금을 투입할 수 없다는 여론에 밀려 본격적인 금융회생 정책을 강구하지 못했다.

결국 1997년 11월 아시아 외환위기의 여파 속에서 주요 은행인 홋카이도척식은행이 파산하고 주요 증권회사인 야마이치증권이 스스로 폐업을 결정하는 등 '금융위기'가 물밑에서 수면으로 떠오른 이후에야 일본정부는 1998년 10월에 뒤늦게 금융재생법을 제정하고 금융권 전반의 부실채권 처리에 나섰다. 2002년 고이즈미 내각의 '금융재생 프로그램' 실행을 통해 대규모 공적자금의 투입이 본격화되면서 비로소 부실채권의 규모와 비율이 줄어들고 금융시장은 안정을 되찾을 수 있었다.

부실채권 문제의 발생에서 처리까지 10년이 걸리는 동안 일본은 '잃어버린 10년'을 겪었다. 부실채권 처리가 빨랐다면 1990년대 초의 버블 붕괴가 일시적인 경기침체로 끝날 수 있었다는 견해도 적지 않다. 처리 지연에 따라 금융시장에서는 좀비기업에 대한 지원이 만연한 반면 우량기업에 대한 지원은 제대로 이루어지지 못하는 이중의 문제가 발생했다. 그러는 사이 실물경제도 재도약의 힘을 잃어갔다.

우리 경제는 일본처럼 버블 붕괴를 겪지 않았기 때문에 부실채권 문제가 그만큼 심각하지는 않다. 하지만 최근 조선업의 경우에서 보듯이 경기 부진에 따라 기업과 은행의 부실이 심각해질 가능성은 언제나 있다. 게다가 주택시장이 요동치면 가계부채 문제도 커질 수 있다. 일본의 경험은 안이한 상황 판단 아래 미봉책을 거듭하면 오히려 문제가 심각해지고 경제의 활력마저 갉아먹는다는 점을 시사한다.

일본의 재정 재건 노력이 시기를 놓친 이유

　현재 일본 경제의 문제점을 이야기할 때 빠지지 않고 등장하는 것이 GDP의 200%를 넘는 정부부채다. 하지만 1990년대 초까지만 해도 이 비율은 80%에 불과했고 다른 선진국들에 비해 그다지 높은 수준이 아니었다. 버블 붕괴 후 공공사업 위주의 단기 부양책이 되풀이되는 동안 재정 지출은 늘어난 반면 경기불황으로 세수는 줄어 큰 폭의 재정적자가 누적된 것이다.

　재정적자에 대한 문제의식이 일본정부에 없었던 것은 아니다. 버블 붕괴 직후의 정치 혼란이 어느 정도 극복되고 경기회복도 시야에 들어왔던 1996년 하시모토 내각은 재정 구조개혁을 포함한 여섯 가지 개혁을 전면에 내세웠다. 하지만 1997년 아시아 외환위기와 소비세율 인상(3% → 5%)의 충격이 겹치면서 정책의 초점은 다시 부양으로 옮겨 갔다. 재정건전화라는 지향은 경기부양 요구 앞에서 약해지기 일쑤였다. 경기 악화를 감수하면서도 재정개혁에 나선 것은 부실채권 처리와 마찬가지로 2000년대 초 고이즈미 내각이었다. 하지만 10년간 악화된 재정을 되돌리기는 쉽지 않았다.

일본에서 공공사업 위주의 단기 부양책이 되풀이된 데는 또 다른 구조적인 문제도 있었다. 지방교부세를 매개로 한 중앙정부의 지방재정 통제는 지방정부가 사업비를 따 오기 쉬운 공공사업에 열을 올리게 만들었다. 우편저금을 기초로 한 재정투융자(국가가 행하는 출자 또는 대출)도 공공사업 확대를 뒷받침했다. 우리의 농협처럼 일본 지방 곳곳에서 볼 수 있는 금융기관인 우체국에서 받은 예적금은 대장성 자금운용부에서 운용하도록 돼 있었다. 이 자금은 정책금융기관을 통해 재정투융자에 쓰였는데 그중에는 공공사업비에 대한 보전도 포함돼 있었다.

2000년대 고이즈미 내각이 재정 재건에 나서면서 지방교부세제도와 정책금융기관을 개혁하고 우정 민영화를 추진한 것도 이 같은 맥락에서 비롯됐다. 고이즈미 내각은 경제재정자문회의를 통해 중기 재정계획을 작성하고 그것을 추진하려고 노력했다. 그리하여 2006~2007년에는 GDP 대비 재정적자(기초 재정수지 기준)가 1%대로 하락하고 2005년에 GDP 대비 170%까지 높아졌던 일반정부

부채가 162%로 떨어지는 등 일정한 성과를 냈다. 하지만 그 후 다시 부채가 늘어나기 시작했다. 현재까지도 늘어나고 있는 부채는 재정정책의 자율성을 크게 제약하고 있다. 오랫동안 누적된 재정적자와 정부부채를 해결하는 일이 얼마나 어려운가를 일본의 경험은 보여준다.

우리 정부부채 규모는 GDP의 40% 내외로 아직 높지 않다. 그러나 고령화가 본격화되는 과정에서 국가부채가 얼마나 빠르게 늘어날 수 있는지 일본의 사례가 말해준다. 일본의 국가부채/GDP 비중이 50%에서 100%로 늘어나는 데 8년밖에 걸리지 않았으며, 여기서 다시 4년 만에 150%를 넘어섰다. 최근 우리나라도 복지 지출의 증가와 함께 재정적자가 상시화되려는 움직임이 나타나고 있다. 낮은 국가부채 비중을 감안할 때 재정적자를 활용할 여지는 분명히 있다. 하지만 그것은 지금처럼 그때그때의 단기적 고려가 아니라 장기적 안목의 계획 속에서 진행돼야 한다. 성장률을 무리하게 끌어올리기 위해 재정지출을 확대할 경우 효과가 지속되지 못하고 재정적자와 국가부채가 기하급수적으로 늘어날 수 있다. 특히 고령화의 빠른 진행, 공공연금의 고갈, 남북통일 가능성 등에 대비해야 하는 우리나라는 재정 건전성 준칙을 더욱 엄격하게 적용해야 할 것이다.

갈 길 먼
노동개혁

 일본 경제가 장기불황에 빠진 구조적 요인 중 하나로 자주 거론되는 것이 노동시장 경직성이다. 1980년대까지만 하더라도 일본형 노동 시스템은 고도성장의 한 축으로서 국제적으로도 독자성을 인정받았다. 이른바 종신고용, 연공임금을 토대로 노동의 자유로운 이동을 제약했지만 그 결과 기업 내부에서 숙련이 축적되고 생산성이 향상됐다. 하지만 불황이 닥치자 이 같은 시스템은 벽에 부딪칠 수밖에 없었으며, 장기불황의 한 요인으로서 비판의 대상이 됐다.

 노동시장 경직성의 완화는 기업 차원에서 비정규직 고용을 늘리는 형태로 1980년대 말부터 진행되었다. 연공임금도 인센티브의 도입과 확대로 상당 부분 약화됐다. 하지만 정규직 고용의 경직성은 미국 등에 비해서는 굳건히 유지됐고 정부 또한 이를 바꾸려는 의지를 보이지 않았다. 1990년대에 실업률이 상승했지만 경기문제로만 인식했다. 서유럽 국가들의 고질적인 실업문제에 비하면 일본의 실업문제는 상대적으로 덜 심각해 보였던 것이다. 일본정부는 2000년대 초반 고이즈미 내각 때까지도 파견법을 완화해 비정규직을 늘리는 방식으로 기업들이 요구하는 노동유연성을 높이는 데 도움을 주었을 뿐이다.

비정규직의 확대는 노동시장의 유연성을 높였지만 또 다른 문제를 낳았다. 사회적으로는 양극화 문제가 대두했으며 경제적으로는 고용이 불안한 비정규직의 확대로 과거의 '기업 내 숙련'이라는 시스템이 약화되었고 이를 대체하는 인적자본 축적 체계는 나타나지 못했다. 즉 노동생산성 향상이라는 측면에서 빨간불이 들어온 것이다.

이 같은 문제의식에서 2006년 제1차 아베 내각 때부터 정규직 개혁을 포함한 노동개혁이 정책적 화두로 제기됐지만 그 진전은 더디다. 정규직-비정규직의 이중구조를 해소하려면 결국 정규직 노동자의 권리와 이익을 제한할 수밖에 없는데 그에 대한 반발이 크기 때문이다. '회사 인간'이라는 말이 있을 정도로 한 번 들어간 회사를 변치 않는 가정처럼 여기고 그 안에서 자기계발을 해나가는 것을 이상으로 여기는 일본인들의 일반적인 가치관도 노동개혁에는 걸림돌이 되고 있다.

이러한 상황에서 일본정부는 최근 동일 노동, 동일 임금 원칙을 세워서 산업계가 비정규직을 차별하지 못하게 하는 정책을 추진하기 시작했지만 그 성공 여부는 여전히 불확실한 상황이다. 작년 IMF에서 발간된 "아베노믹스는 성공할 것인가"라는 제목의 보고서에서 아베노믹스의 구조개혁이 부진한 분야로 노동개혁, 특히 이중구조 해소 문제를 들었을 정도다.

우리나라에서는 현재 고용-유연성의 확대와 정년 연장에 따른 임금문제 해결에 초점을 맞춘 노동개혁이 추진되고 있다. 일본의 사례를 볼 때 이것들은 노동개혁 중에서는 비교적 쉬운 과제에 속한다. 정규직-비정규직의 이중구조가 청년층 실업률 상승과도 관련돼 있다는 점을 고려하면 이중구조 해소를 위한 장기적 비전의 개혁, 그리고 그것을 위한 연구와 설득이 계속돼야 한다. 일본도 아직 하지 못한 일이지만 그렇기 때문에 더욱 우리는 장기불황에 빠지지 않기 위해 이 과제를 해결해야만 한다.

기득권과의 충돌도 감내하는 리더십이 필요하다

　일본정부가 구조개혁을 힘 있게 추진하지 못한 배경에는 리더십 부재의 문제도 있었다. '여론의 반발을 불러일으키거나 표를 까먹을 수 있는 개혁은 미룬다'는 '사키오쿠리(先送り, 뒤로 미룬다)' 관행은 부실채권 처리 절차에서 보듯이 구조개혁의 큰 걸림돌이다. 최근 아베 내각에서도 사키오쿠리 관행이 여전히 목격된다. 2014년 11월 11일 후생노동성은 75세 이상 저소득 고령자의 의료보험료를 최대 90%까지 할인해주던 특례를 단계적으로 폐지해 의료비 예산을 절감하겠다는 개혁안의 공개 발표를 돌연 취소했다. 다음 해 지방선거를 앞두고 여당인 자민당이 "저소득 고령자에 대한 배려가 부족하다"라며 반대한 것이다.

우리나라 역시 새로운 경제 환경에 맞춰 제도를 재구축해야 하는 과제가 산더미다. 이는 각종 기득권과의 충돌을 감내하면서 추진해야 할 것들이며 그럴 수 있는 리더십을 요구한다. 리더십을 발휘하지 못하고 필요한 개혁을 지연한다면 우리도 일본처럼 위기에 부닥칠 수 있다. "사키오쿠리는 당뇨병과 같다. 죽음에 이를 정도로 병세가 악화되지 않으면 증상이 나타나지 않기 때문에 무섭다"라는 다나카 히데아키 메이지대학교 공공정책대학원 교수의 경고를 되새길 필요가 있다.

뒷북친 통화정책

　일본정부뿐만 아니라 중앙은행인 일본은행도 상황에 대한 안이한 판단, 보수적이고 뒤늦은 대응으로 버블 붕괴의 충격을 크게 하고 디플레이션을 악화시켰다. 일본은행은 1980년대 중반 엔고로 수출주도 성장이 한계에 부딪치자 금리 인하를 통해 내수경기를 부양했다. 이후 주식과 부동산 거품이 빠르게 확대되자 금리를 인상했으며 버블 붕괴 이후인 1991년부터 다시 금리를 떨어뜨렸다. 이와 같은 통화정책의 방향은 일견 맞는 것처럼 보이지만 문제는 경제 상황에 대한 잘못된 판단으로 인해 정책 시행이 뒤늦게 이뤄지면서 버블 붕괴의 충격을 크게 했다는 점이다.

　일본은행은 주식과 부동산 거품의 발생에도 불구하고 금리 인상에 뒤늦게 나서 버블을 키웠다. 일본은행이 금리를 인상하기 시작한 1989년에 이미 일본의 주식과 부동산 가격은 크게 높아져 있었다. 일본의 수출경쟁력 저하로 잠재성장력이 크게 떨어진 상황에서 자산가격이 빠르게 올랐다면 거품일 가능성이 크다고 판단해 선제적인 조정에 나서야 했지만 그러지 못했던 것이다. 구로다 하루히코 현 일본은행 총재는 당시 일본은행이 1987년이나 1988년에 이미 긴축을 시작했더라면 자산가격 버블이 그렇게 크게 발생하지 않았을 것이라고 말한 바 있다.

버블 붕괴 과정에서도 상황의 심각성을 뒤늦게 인식해 위기 극복 정책의 강도나 일관성이 높지 못했다. 자산가격이 추락하는 위기 속에서도 긴축정책을 상당 기간 고수해 자산가격이 빠르게 떨어지는 충격을 완화시키지 못했다. 니케이주가지수가 1990년 말 40%가량 급락했지만 일본은행이 정책금리를 인하하기 시작한 것은 1991년 하반기부터였다. 이후 주택가격 폭락과 제로성장, 저물가가 이어지는 중에도 금리 인하는 매우 완만하게 진행됐다.

이와 같은 미온적인 태도는 1990년대 후반 디플레 시기에도 계속 이어졌다. 디플레이션 발생 초기에 일본정부는 오히려 생산성 향상과 원자재가격 안정에 따른 '좋은 디플레'에 대한 기대로 대책 마련을 서두르지 않았다. 일본은행은 2000년에 경기가 다소 회복되자 오히려 금리를 올리기까지 했는데 그 결과 일본은 다시 디플

그림 31 일본과 미국의 통화정책 비교

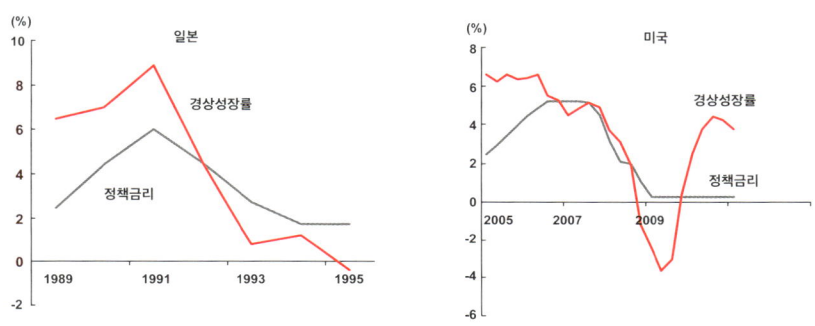

자료: 일본내각부, 일본은행, BEA, Bloomberg.

레에 빠졌다. 일본 경제가 디플레 시대에 접어들었지만 일본은행은 여전히 인플레 리스크를 중시하는 과거의 틀에 갇혀 있었던 것이다.

일본은행의 이러한 태도는 2007년 리먼쇼크 이후 FRB의 움직임과 대조된다. FRB는 2008년 9월 리먼브라더스 파산으로 촉발된 글로벌 금융위기에 대응하기 위해 2009년 1월부터 제로금리를 시행했다. 위기 이후 미국의 경제회복세가 다른 선진국들보다 빨랐지만 FRB는 고용 수준이 정상화됐던 2015년 11월까지 무려 6년간 제로금리를 유지했다. 미국이 과거 일본의 실패 사례를 통해 교훈을 얻었다고도 볼 수 있다.

최근 세계적으로 디플레이션 리스크에 대한 우려가 커지면서 통화정책의 틀이 바뀌고 있지만 우리나라는 아직 과거 인플레이션을 경계하는 정책 기조를 유지하는 경향이 남아 있는 것 같다. 소비자물가 상승률이 4년 연속 물가목표에 미치지 못하지만 한국은행은 물가상승률 전망을 높게 가져가면서 금리 인하에 소극적인 자세를 보여왔다. 디플레이션 우려에 대해서도 원자재가격 하락에 따른 일시적인 요인이 크며 경제가 정상화되면 물가 압력이 커질 것이라고 분석한다.

투자수요가 줄고 저축이 늘면서 실질금리가 떨어지는 것은 전 세계적인 현상이다. 주요 선진국들이 제로금리도 모자라 양적완화 정책이나 마이너스금리 정책을 실시하고 있는 것은 통화정책의 프레임이 바뀌었음을 의미한다. 제조업 성장의 둔화, 에너지가격 하락 등으로 인해 인플레이션보다는 디플레이션을 우려하는 시대가 됐다. 우리 경제가 디플레이션에 빠진 상황은 아니지만 과거 일본에서 보았듯이 저성장과 저물가는 디플레이션을 경고하는 신호이며 일단 디플레이션에 진입하면 돌이키기 어려운 만큼 미리 대비할 필요가 있다.

내수 확대 프로젝트?

　일본은 수출주도 성장 과정에서 내수가 충분히 성장하지 못했다. 또한 2000년대 초반까지 유통시장의 폐쇄성으로 인해 외국 수입 제품의 시장 진입이 용이하지 못해 대규모 경상흑자가 지속됐으며 이것이 엔고의 근본적인 원인이 됐다. 일본정부는 내수주도 성장의 중요성과 유통시장 개방을 강조했지만 이러한 방향으로의 전환에는 성공하지 못했다.

　1980년대 내수 확대 프로젝트는 일본의 입장에서 불가피하고 필수적인 선택이었다고 판단된다. 당시 일본은 무역흑자의 급증으로 미국과 유럽 국가들로부터의 시장개방 압력이 커지고 엔화도 빠르게 절상되면서 수출주도 성장을 지속하기가 어려웠다. 따라서 수출을 대신해서 내수가 성장을 이끌어가는 경제구조로의 전환을 꾀했다. 단순히 국제수지 흑자를 줄여 대외 압력을 완화시키고 제조업의 국제경쟁력을 유지하려는 수단이 아니라 산업구조의 근본적 전환을 통해 국민들이 풍요를 실감할 수 있도록 성장의 방식 자체를 바꾸려는 시도였다.

주5일 근무제 실시, 유급휴가 이용 장려 등 수요 기반 확대 정책이 실시됐으나 일본정부가 보다 무게를 둔 부분은 주택과 여가문화 등 일본 소비자들의 효용을 높일 수 있는 산업 부문에 대한 접근이었다. 규제 완화와 재정지원 등 정부의 적극적인 역할을 통해 거주공간을 개선시키고 여가문화시설을 늘려 삶의 질 개선과 내수 확대를 동시에 노리는 것이었다. 제4차 전국종합개발계획, 민활(민간사업자 활용)법 제정, 리조트법, 도쿄만 임해부 개발계획 등을 통해 대규모 건설투자를 계획하고 민간의 참여를 유도했다. 대도시 시가지 재개발, 신도시 건설, 지자체의 휴양지개발을 통해 수요가 늘어날 수 있는 사업을 만들어가려는 의도였다.

이와 같은 정책의 기본 방향은 불가피한 선택이었다. 그러나 일본의 문제는 정책 시행 과정에서 지자체 간의 과도한 공급경쟁이 발생해 국가 전체적으로 여가 인프라의 과잉공급이 발생했으며, 계획 과정에서 시간이 오래 걸려 버블 붕괴 이후에 본격적으로 추진됐다는 것이다. 특히 리조트법은 중장기적인 수요 예측이 제대로 이루어지지 못해 고급 레저시설 등에 투자가 집중되면서 중산층 이하의 수요를 끌어내지 못했다는 평가를 받고 있다.

유통 구조를 효율화시켜 수입시장을 개방하려는 정책도 결과적으로 성공하지 못했다. 일본은 수입 규제와 지역적인 상관습으로 제조업체와 도소매업자들 간의 결속이 강해 경쟁력 있는 해외 제품들이 일본소비자에게 공급되기 어려웠다. 소매점법, 주세법 개선, 운송업 규제의 재검토, 농산물가격 정책 개선 등 일본의 고질적 문제인 물류유통 부문의 비효율성을 줄이려는 정책이 시도됐지만 소비자를 중심으로 하기보다는 기존 유통업체의 이익을 보호하려는 경향이 강해 결국 수입을 늘리는 데 실패했다.

우리나라 역시 최근 수출성장의 한계를 극복하기 위해 내수성장의 필요성을 강조하는 목소리가 높다. 정부는 경제혁신 3개년 계획의 기본 방향 중 하나로 내수와 수출의 균형경제를 제시하면서 내수 확대의 중요성을 강조하고 있다. 그러나 내수 확대를 위한 정책들이 일본만큼 적극적으로 추진되지 않는 것으로 보인다. 호텔 규제 완화, 할인행사 활성화 등 단편적인 정책들이 시행되고 있지만 정부와 기업, 지자체가 힘을 합해 대대적으로 수행하는 종합 대책이 없는 상황이다. 내수 확대와 서비스업 육성을 위한 정책이 혼용되어 실시됨으로써 내수 확대 방안으로 제시되는 정책들이 사실상 서비스 수출 증대 정책이 되고 있다. 여가문화 수요 확대 방안으로 외국인 관광객 유치 정책이 주로 사용되고 있으며 건강의료 수요 확대 역시 외국인 환자 유치나 병원의 해외 진출 지원 방안이 핵심 내용이다.

  이제 우리 경제는 과거의 수출 및 제조업 중심의 시스템을 근본적으로 바꾸어야 한다. 법률과 제도뿐 아니라 소비를 부정적으로 보는 국민의식까지 바뀔 필요가 있다. 내수산업 분야에서 획기적이고 과감한 규제 완화가 필요하며 관련 인프라 구축과 국유지 이용 장려 등 적극적인 지원책이 있어야 한다. 일본이 실패했기 때문에 우리도 포기하기보다는 일본의 경험을 반면교사로 삼아 방안을 적극적으로 찾아 나가야 할 것이다.

일본의 민간사업자 활성화 프로젝트는 왜 실패했나?

  1980년대 후반 일본은 사회 및 산업 인프라 정비에 민간사업자를 활용함으로써 내수 확대를 실현시킬 수 있는 민활 프로젝트 계획을 적극적으로 시행했다. 1986년에는 '민간사업자의 능력 활용에 의한 특정 시설의 정비 촉진에 관한 임시조치법'을 공표했다.

  투자 회수 기간이 길어 리스크가 큰 기반시설에 대해 정부가 유인을 줌으로써 민간투자를 유치하는 방안이었다. 국공유지의 토지신탁 제도 도입으로 각종 개발사업에서 국유지 이용을 원활하게 했고, 사업 주체에게는 세제 혜택과 일본개발은행의 대출 및 출자 확대, 채무보증과 보조금 등의 지원이 제공됐다. 수도권에서는 매립지였던 도쿄만 해안 지역에 정보통신 인프라를 강화한 첨단 인텔리전스비즈니스센터를 설립하는 임해부개발 프로젝트 등 도쿄 주변지구의 대형 재개발사업이 추진됐다.

지방의 소비기반 확대를 위해서 1987년 종합보양지역정비법(리조트법)이 제정됐다. 이는 우리의 광역시·도에 해당하는 도도부현(都道府県)이 민간사업자의 참여를 기반으로 기본 구상을 수립하고 중앙정부가 승인함으로써 개발이 이루어지는 방식이었다. 6개 소관 부처가 참여해 일본 국토 면적의 17.5%를 특정 지역으로 지정하고 투자계획 규모가 10조 엔에 달하는 대형 프로젝트였다. 민간기업과 지방자치단체들의 적극적인 호응으로 41개 도도부현의 구상이 승인을 받아 리조트개발이 추진됐다.

그러나 도쿄시 개발사업이 비교적 꾸준하게 이루어진 데 반해 리조트법에 의한 투자는 원활하지 않았다. 리조트법 승인사업 중 2006년까지도 개발이 완료되지 않은 시설이 77%에 달했을 정도로 진척이 미미했다.

정책 실패 원인으로는 우선 버블 붕괴로 수요가 위축됐다는 점을 들 수 있다. 사업계획이 지체되어 대부분이 1991년 버블 붕괴 이후 착공되었고, 이용자수가 기대에 못 미치는 경우가 많았다. 가계의 잠재수요를 잘 예측하지 못하고 공급주도로 개발이 추진된 점도 지적된다. 대부분 지역의 구상이 골프장, 스키장, 호텔 등 단기수익성이 높은 호화시설에 집중됐고 일반 국민들이 저렴하게 이용할 수 있는 시설은 부족했다. 개별 지자체들의 사업을 종합적인 시각에서 조율하는 중앙정부의 역할이 미흡했던 것이다.

되돌리지 못한
인구구조 변화

    일본 장기불황의 밑바닥에는 저출산과 고령화라는 인구구조의 변화가 깔려 있었다. 이 같은 변화를 되돌리고자 한 정부 시책들은 크게 효과를 거두지 못했다.

    1990년에 합계출산율이 1.57명으로 떨어져 '1.57 쇼크'라는 말이 나왔다. 일본정부의 경계도 강화됐다. 그러나 종합적인 저출산 대책이 나온 것은 그로부터 4년 뒤인 1994년이었다. 1994년 12월에 일본정부는 '앞으로의 자녀 지원을 위한 시책의 기본 방향에 관해서(문부성·후생성·노동성·건설성의 4개 부처 장관이 합의한 엔젤플랜)'라는 정책을 책정했다. 이는 만 0~2세의 보육 등에 주력하는 정책이었다.

그 후에도 일본정부는 1999년 신엔젤플랜, 2003년 저출산대책 기본법, 차세대육성지원대책 추진법, 2005년 자녀양육응원플랜, 2006년 새로운 저출산대책, 2007년 일과 삶의 균형 헌장, 2010년 자녀양육비전, 2012년 자녀지원, 종합보육원법, 2013년 저출산위기 긴급대책, 2015년 출산율 1.8 회복 대책(신아베노믹스) 등을 실시해왔다.

수년마다 제정된 일본정부의 정책에도 불구하고 일본의 출산율은 2005년 1.26명까지 하락했으며, 그 후 회복세를 나타내 2014년에는 1.42명으로 다소 높아졌다. 일본정부의 대책이 전반적으로 효과가 적었던 데는 관료주의적 탁상행정의 폐해도 작용했다. 초기에는 저출산과 인구고령화의 충격을 과소평가하기도 하고 각 부처가 원하는 시책을 저출산 대책의 명분으로 포함하는 측면도 있었다. 미래의 유권자를 위한 장기적인 정책 과제에 관해서는 무심한 일본 정치가들의 문제도 있었다.

초기에 심각성을 인식하고 강도 높은 종합 대책을 내놓았어야 했는데, 후생노동성이 낙관적 인구 및 경제 전망을 고수해 화를 자초했다. 여기에는 인구 전망의 차질이 연금 전망의 차질로 이어져 공론화되는 것을 꺼렸던 당시 정책 담당자들의 심리도 작용했다. 보육원, 유치원 등의 기득권을 보호한다는 명목으로 보육시장의 진입장벽 제거도 소홀했다. 저성장, 재정 악화, 인구고령화에 따른 고령층 복지 지출의 팽창으로 젊은 층에 대한 복지지원 확대에 한계가 있었다. 젊은 층의 결혼과 출산 기피를 억제할 수 있는 비정규직 문제를 해결하지 못했고, 일과 삶의 균형 정책도 미진했다.

부동산 버블 붕괴로 촉발된 일본의 장기불황 속에서 저출산과 인구고령화가 진행되어 중장기적인 일본 경제의 성장세를 제약하는 가운데 점차 일본 젊은 층의 어려움이 가중되어 저출산 문제가 더욱 심각해지고 경제도 악화되는 악순환에 빠졌다.

일본에서 젊은 층의 비정규직 문제가 대두한 것은 1990년대 후반이었으나 사실 그 이전부터 저출산 및 인구고령화가 시작되고 있었다. 저출산은 복합적인 원인으로 발생하는 사회문제라는 면에서 해결에 어려움이 있다. 저출산의 근본 원인이 육아지원의 미비에 있는 것인지, 젊은 층의 결혼 기피 경향에 있는지 등 저출산에 대한 정확한 분석이 지금도 이루어지지 못하고 있다.

결혼과 출산은 사생활의 영역이기는 하지만 국가 전체적으로도 중요한 문제다. 결혼과 출산을 장려하려면 경제적 지원과 세제 혜택 등을 통해 인센티브를 적절하게 제공해야 한다. 전반적으로 보면 1인당 소득이 높아지고 부유해진 국가들에서 유아사망률도 떨어지고 노후를 전적으로 자녀에게 의존하지 않아도 되면서 저출산과 인구고령화가 진행되고 있다. 하지만 구미 선진국은 남녀 기회 평등, 일과 삶의 균형 정책 등을 통해 점차 저출산을 완화하는 데 성과를 보이고 있다. 그러나 일본을 비롯한 아시아 각국은 소득수준 향상에 따른 저출산 문제를 극복하기가 어려워 구미 선진국에 비해서도 낮은 출산율에 그치는 경향이 강하다. 아시아적인 문화나 관행이 구미형 시장 메커니즘과 결합될 때 사회경제 시스템상의 불일치가 저출산 문제로 나타나는 면이 있다.

공동체를 지향하는 아시아의 전통적인 가치관이 개인주의를 기초로 한 시장 메커니즘 속에서 힘을 발휘하는 것은 개발 및 성장 단계까지다. 선진적인 성숙 단계가 되면 아시아 사회의 다이너미즘이 급격히 위축되는 현상이 공통적으로 나타난다.

결국 한국이나 일본의 저출산 문제는 전통적인 가치나 문화 풍습까지도 제로베이스로 개혁해나가면서 개인주의를 재정립한 위에서 적절한 인센티브 제도를 마련해야 극복이 가능한 어려운 과제다.

1인당 소득이 증가한 가운데 성장세가 정체된 선진 각국은 삶의 질을 꾸준히 높이기 위해서 맞벌이를 보편화시켜 시장경제 시스템을 유지하고 있다. 하지만 일본이나 한국 등 아시아 각국에서는 여성의 사회 진출이 저출산의 심화로 이어진다. 일본의 경우 1990년대 이후 여성 근로자 수를 늘려왔으나 근로 환경의 혁신이 미진했던 데다 성과주의 인사제도가 강화되어 여성의 결혼 기피, 저출산을 조장하는 방향으로 작용했다. 고도성장기 이후 일본의 고용 시스템은 대기업 우수 사무직원에게까지 잔업 시간에 따라 임금을 주었기 때문에 장시간 노동 관행이 유지되어 왔다. 게다가 성과주의 인사제도는 성과를 확실하게 측정하기가 어렵기 때문에 무조건 오랜 시간 일하는 사원이 유리한 면도 있다. 일본의 장시간 노동 관행은 한국보다는 덜하지만 일과 삶의 균형을 유지하면서 결혼 생활을 하려는 젊은 층의 의욕을 약화시켰다.

특히 일본은 가사노동에 대한 여성의 부담이 크고, 결혼한 여성에게 각종 부담을 주는 사회문화적 관행도 무시할 수 없기 때문에 여성들로서는 결혼을 해 노동시간을 줄이고 임금을 줄여도(승진 기회가 감소해도) 가사노동 때문에 육체적 부담이 크다. 또한 경제적 인센티브 면에서 여성을 중심으로 결혼에 대한 경제적 가치가 떨어진 것도 저출산의 원인으로 작용했다. 경제가 성숙해지면서 일본 경제의 지형도는 제조업에서 서비스업 중심으로 변화했고 여성의 취업 기회가 늘어나면서 일과 삶의 균형 측면에서 결혼을 기피하는 여성이 많아진 것이다. 정규직 여성은 비정규직 남성을 기피하는 행태가 강해 결혼이 더욱 어려워졌다. 소득 수준이 높은 정규직 여성에게 의존하면서 가사노동을 책임지는 남성 등 다양한 부부 조합이 나올 필요가 있으나 일본의 전통적인 가치관이나 문화적 환경에서는 쉽지 않아 보인다.

이러한 전통적인 문화의 혁신이나 남녀평등 의식의 강화 등 풍습이나 관행까지 혁신하면서 라이프 스타일 전체를 재설계하는 데는 많은 시간이 걸린다. 다만, 일본에는 양자나 데릴사위 문화가 있어서 이를 활용한 처갓집 3세대 동거문화를 장려하는 것이 효과가 있다는 주장도 제기되고 있다(세키스이하우스 와다 이사미 사장, 「일본경제신문」, "철저 예측 2016", 2015년 11월 25일). 일본에서 수십 년간 대중적인 인기를 얻고 있는 만화 『사자에상』은 처갓집에서 3세대가 동거하는 이야기다. 부인의 육아 부담을 줄여주고, 노인이 활발하게 생활할 수 있게 해준다는 점에서는 이러한 가정 형태가 이상적이라고 볼 수도 있다. 여성은 친정식구와 계속 살 수 있어서 결혼에 대한 부담감을 줄일 수 있으며, 그만큼 결혼 인센티브의 제고, 공동체에 의한 자녀 양육의 활성화 등에 도움이 된다.

　우리나라 합계출산율은 2001년 이후 1.3명을 넘지 못하고 있다(2014년 1.21). 2002년부터 2013년까지 한 해를 제외하고 OECD 꼴찌를 기록 중이다. 정부의 저출산 대책도 2002년 합계 출산율이 1.17명까지 떨어지는 충격을 받은 후 뒤늦게 본격화됐다. 2005년 저출산·고령사회기본법이 제정되고 2006년부터 5년 단위로 '저출산 고령사회 기본계획'이 시행되고 있지만 저출산 관련 예산은 GDP의 1%에 못 미치는 수준으로, 성과를 내는 프랑스의 3~4%보다 훨씬 적다. 최근 누리과정 사태처럼 출산·육아 지원이 노령연금 등 고령층 복지에 우선순위에서 밀리는 모습도 보인다. 더 늦기 전에 과감한 대책과 투자가 필요하다.

그래도 꼭
배워야 할 것들

장기불황기 일본정부의 대응책은 대체로 실패했지만 그중에서도 성과를 거뒀다고 판단되는 몇 가지 정책들에 주목할 필요가 있다. 산업재생법, 투자입국화 전략, 친환경 공공사업, 도시재생사업, 지방경제 활성화 정책 등이 그것이다.

첫째, 일본의 산업재생법에 대해 살펴보자. 일본정부는 1990년대 버블 붕괴 이후 각종 경기부양책을 해마다 실시했으나 효과를 거두지 못하자 점차 근본적인 성장력 확충 전략을 내놓기 시작했다. 고이즈미 총리는 2006년 6월에 이노베이션을 강조한 '신경제성장전략', 제1기 아베 내각은 2007년 4월에 생산성 향상, 인재 육성, 서비스 혁신, 규제 완화 등을 강조한 '성장력 가속화 정책', 후

쿠다 내각은 2008년 6월에 인구 감소 사회 대응, 젊은 층 여성 고령자 참여, 의료산업 육성 등을 강조한 '경제성장전략', 아소 내각은 2009년 4월에 저탄소혁명, 건강장수, 관광입국화 등을 강조한 '미래개척전략', 하토야마 내각은 2009년 9월에 환경, 건강, 관광을 중시한 '신성장전략'을 각각 제시했다.

이러한 대책들이 단기적으로 큰 성과를 거두지 못하고 비슷한 정책이 반복되는 면도 있는 것은 사실이다. 다만 일본정부는 정권이 바뀌어도 일관성 있게 성장전략을 고민하고 미비점을 보완하면서 성장전략 자체를 개선시키려고 노력해왔다. 단순한 토목 공사를 중심으로 한 기존의 내수부양 정책이 한계에 직면하자 효과가 높은 새로운 정책 체계를 만들어나가기 위해 일본정부는 지금도 계속 고민하고 있다.

이러한 일본의 경험은 새로운 성장 동력과 내수성장 기반을 강화해야 할 우리 경제에 중요한 시사점을 준다. 우선, 저출산·인구고령화 시대에 적합한 성장 활력을 불어넣기 위해서는 산업구조 조정을 통한 생산성의 향상이 매우 중요하다. 이를 위해 일본정부도 경제적 자원이 보다 효율적인 분야로 이전되도록 나름대로 노력해왔다.

예를 들면 일본정부는 1999년에 산업재생법(산업활력재생 특별조치법)을 제정해 산업의 신진대사와 함께 과잉설비를 해결하는 데 힘썼다. 이는 부진한 기업이나 산업의 재생과 합병을 유도하면서 과다채무, 과잉설비, 과잉인력에 고전했던 일본 기업의 구조조정을 촉진하는 것이었다. 원래 산업재생법은 2003년 3월 말까지의 시한 입법이었으나 2003년, 2007년에 확대 개편됐다. 2014년 1월에 아베 정권에서 도입한 '산업경쟁력 강화법'에 흡수됨으로써 폐지됐으나 그 기능은 대체적으로 지속되고 있다. 산업재생법의 평가가 높았기 때문에 여러 번의 정권 교체에도 불구하고 이것이 오래 유지되고 확대 및 개편되며 발전해온 것이다. 초기에는 과잉설비와 부실채권 처리가 초점이었다면 점차 첨단산업과 벤처기업을 지원하는 등 혁신적인 산업정책으로 변모했다. 사실 일본에서는 자율주행 기술로 유명한 ZMP 등 각 분야에서 벤처기업이 대두하고 있다.

둘째, 일본의 투자입국화 전략도 눈여겨봐야 한다. 산업공동화를 우려해 해외직접투자 확대를 경계하던 일본정부는 2000년대 후반 이후 뒤늦게 투자입국화 전략을 강조하기 시작했다. 일본 기업의 해외거점이 본사로 보내는 송금, 배당 등에 대한 세율을 인하하는 등 규제 완화에 나서는 한편, 현지국과의 이중과세 방지 협정 등에 주력했다. 일본 기업의 대외 활동을 적극적으로 지원함으로써 해외로부터 일본으로의 투자과실 송금이 늘어나 일본의 소득수지(투자수익금의 일부) 흑자가 연간 1,000억 달러를 넘어서 무역수지 적자를 메우기 시작했다.

아베노믹스에서는 일본 기업들이 해외시장에서 '버는 힘'을 강화할 것을 중요한 정책 목표로 내세우는 한편 이러한 해외소득을 일본 경제의 활성화로 연결하는 데 힘쓰고 있다. 해외투자와 해외소득의 확대를 일본 경제와 연계하기 위해 본국으로의 송금을 촉진하는 한편 해외거점으로의 소재와 부품 수출의 확대, 일본 내 연구 기능의 강화에 주력하고 있는 것이다. 해외거점이 현지화되고 성장하면 기존의 소재와 부품이 현지생산으로 점차 이행하지만 일본 본사는 이에 맞추어 보다 고도의 소재 및 부품에 특화하는 한편, 글로벌 디자인 능력이나 새로운 콘셉트의 서비스 부가가치를 창출해 현지거점과의 분업 고도화에 나서겠다는 것이다. 일본 본사가 각종 비즈니스 모델이나 첨단기술의 원천이 되도록 일본 내에서의 연구개발 기능 강화에 힘쓰고 있다.

우리나라도 점차 해외거점에서 한국 본국으로의 배당, 수익 송금으로 명목 GNI(국민총소득) 증가를 중시하게 될 것으로 보인다. 경상수지 흑자가 누적되는 것이 불가피한 만큼 원화절상 압력을 줄이기 위해 해외투자를 확대하는 노력이 필요하다. 더욱이 향후 생산가능인구는 줄어드는데 과거의 저축을 통해서 수익을 얻는 고령층은 계속 늘어나면서 안정적인 수익기반 창출이 중요해질 것이다. 투자입국화가 국내 산업의 고도화를 통한 좋은 일자리의 창조, 소비 확대로 이어지는 국내경제 선순환 구조를 구축해야 한다. 이를 위해 기업 해외수익의 국내 송금이나 배당, 기업가치 상승으로 인한 혜택이 가계로까지 파급되도록 하는 제도적 노력이 필요하다. 가계의 금융자산이 직간접적으로 해외투자, 해외투자형 기업에 대한 주식 소유 확대로 이어지도록 유도해야 한다.

셋째, 친환경·장수 사회를 위한 기반 마련 정책도 효과적이었던 것으로 보인다. 각종 내구소비재가 보급되고 다양한 니즈가 충족된 성숙사회에서 새로운 니즈를 찾아내는 게 중요하다. 친환경과 장수사회의 구축이라는 기본적인 니즈는 일본의 역대 정권에서도 중시되어 온 중요한 과제이며, 이는 우리나라에도 해당된다. 과거 고도성장기형 공공투자의 효과가 떨어진 것은 중후장대형 산업에 대한 니즈가 떨어졌기 때문이며, 새로운 유망한 니즈에 맞는 공공사업은 여전히 효과가 있다. 2000년대 들어서 일본의 공공투자가 부진을 보이며 내수를 위축시킨 것은 과거의 공공투자 패턴의 실패에 대한 지나친 반성에 의한 것으로 볼 수 있다.

최근 일본에서는 태양광 등 신재생에너지가 급성장하고 있다. 일본정부는 새로운 에너지 혁신을 유도하는 지원책을 강화하고 있으며, 이러한 에너지의 전환은 다양한 부품 및 소재 산업이나 솔루션산업의 성장을 유도해 내수 확대에 기여하고 있다. 그리고 앞으로는 전기차(EV) 등을 위한 새로운 수송 인프라의 구축에도 주력할 방침이다. 또한 안심할 수 있는 장수사회를 위해 일본정부는 첨단 재생의약사업이나 지역 차원에서의 건강 모니터링 솔루션, 미용 및 헬스케어, 간호용 로봇산업 육성에 힘쓰고 있다. 일본정부는 1991년에 효능이 인정되는 건강식품에 대해 '특정보건용식품'으로 인정하는 제도를 만들어 녹차음료 등 각종 히트상품이 나올 수 있는 계기를 마련했다.

넷째, 도시재생사업을 체계적으로 촉진하는 정책이 각종 서비스업의 성장에 기여했다. 일본정부는 장기불황의 시초가 된 부동산 버블의 붕괴 이후 위축된 부동산시장을 활성화시키는 데 주력했다. 부동산산업의 부가가치 제고가 벤처기업을 포함한 각종 서비스업의 활성화와 내수 확대에 중요한 기여를 하기 때문이다. 일본은 버블이 붕괴됨으로써 '부동산은 무조건 상승할 것이다'라는 부동산 신화가 무너진 이후 부동산 매매가 극도로 위축되는 어려움을 겪었다. 그리고 오랜 고전 끝에 일본 부동산시장에서는 부동산에서 창출되는 임대수익과 금리의 관계를 바탕으로 가격이 정해지는 부동산가격 형성 메커니즘이 정착됐다.

일본정부는 이러한 패러다임의 변화를 촉진하기 위해 부동산의 유동화와 증권화에 주력했다. 양질의 부동산관리 사업자를 지원하게 된 일본의 부동산 유동화 정책은, 1998년 9월에 시행된 '자산유동화에 관한 법률(SPC법)'에 기초해서 부동산이 증권거래법상의 유가증권으로서 유동성을 갖게 한 이후 시행됐다. 급변하는 환경에서 극도로 위축된 시장거래를 활성화시키고 부동산시장의 구조를 새로운 패러다임에 맞게 혁신하기 위한 것이었다. 부동산 유동화를 통해 부동산을 개발하고 전문적으로 관리하면서 임대수익을 확보하는 부동산 임대사업자를 양성할 수 있으며, 이를 통해 양질의 임대주택 공급, 상업용 부동산의 부가가치 제고가 가능하다. 일본의 경우 버블 붕괴로 부동산가격이 하락함과 동시에 부동산 유동화가 진행되어 대규모 부동산개발이 이루어졌다. 전문적인 부동산 임대사업자가 지속적으로 관리함으로써 부동산의 부가가치가 높아지는 효과가 발생했다. 일본 각지에 세련된 빌딩과 호텔, 쇼핑센터, 아파트가 복합적으로 들어섰고 대형 상업지구가 많이 개발됐다. 이는 자연적으로 내수부양과 함께 해외 관광객의 유치에도 기여하고 있다.

또한 일본정부는 부동산 유동화 정책과 함께 2002년 '도시재생특별조치법'을 도입해 도쿄, 오사카, 나고야 등의 주요 도시와 지방 중소도시의 개발을 촉진해 일본의 주거, 상업, 관광 시설의 고도화를 촉진했다. 이는 경제 및 사회 구조의 변화에 맞게 부동산개발을 원활하게 촉진하겠다는 의도에서 추진됐다. 장기불황 과정에서 낙후된 도시의 재생에 나선 것이다. 예를 들어 장기불황기에 일본 대기업이 있었던 오테마치나 마루노우치는 대기업의 부도와 몰락으로 한때 크게 침체되기도 했다. 하지만 도시재생법에 힘입어 사무실 빌딩가에 첨단적인 상업시설이나 호텔 등을 건설하는 재개발이 진행됐고, 외국인 관광객도 몰리는 복합도시로 재생했다.

마지막으로, 각 지방경제 활성화를 위한 다양한 정책이 강구됐다. 물론 지방경제의 활성화에는 어려움도 많으나 일본정부는 지방경제의 핵심인 토착산업을 육성하는 데 주력하였으며, 특히 농업의 선진화에 힘을 기울이고 있다. 기업형 농업의 육성과 함께 드론, 로봇, 사물인터넷(IoT) 등 첨단기술을 농업에 접목하는 한편 기업의 농업 진출 규제도 완화하고 있다. 이와 함께 기존의 지방 산업단지를 지식집약형으로 전환하기 위한 각종 지원도 계속하고 있다. 각 지역에서의 산학관 연계를 활성화시켜서 소재와 부품 분야 등에서 토착적인 중소 및 중견 기업들의 고도화에 주력하고 있다.

또한 역대 정권에서 계속 추진되어 온 각 지역의 관광자원개발 노력이 성과를 거두면서 2015년에는 일본에 입국한 외국인 관광객 수가 1,900만 명을 넘었다. 같은 시기 외국인 관광객 수가 1,600만 명 수준에 그친 한국을 7년 만에 넘어선 것이다. 저출산·인구고령화 시대 내수시장의 어려움을 외국인 관광객을 포함한 소비자의 적극적인 활용을 통해 극복하겠다는 것이 일본정부의 전략이다. 외국인 관광객이 늘어나 일본 내의 각종 레저관광시설이나 유통산업이 발전하면 내국인의 소비를 촉진하는 효과도 기대할 수 있다.

우리나라 역시 고부가가치 서비스업의 육성, 기존 제조업의 첨

그림 32 부동산 소유권의 증권화로 낙후 공업지대의 상업지구가 재개발된 사례

지방 중소도시의 전철역 인근 공장지대를 상업구역으로서 재개발.
개발자의 자금 여력 부족으로 SPC를 통해 자금을 조달해 재개발사업을 추진.

**SPC가 재개발 참가 조합원이 되어 재개발 실시,
늘어난 공간 면적을 매각.**

자료: 일본 국토교통성 토지 · 건설산업국 부동산시장정비과 자료.

단화, 지역경제의 활성화 등 신성장전략과 내수 확대 정책의 포괄적인 추진이 중요한 때다. 이와 함께 여가문화 수요 증가와 연계된 외국인 관광객 유치 정책이나, 건강의료 수요 확대를 위한 외국인 환자 유치 등 관광 수요와 내수를 동시에 활성화시키는 것이 중요하다.

4장

어떻게 돌파할 것인가

장수기업이 무너진다

　해마다 많은 기업들이 창업해 생산 대열에 뛰어드는 한편 많은 기업들이 시장에서 퇴출된다. 일반적으로 시장에서 탈락하는 기업들은 대부분 창업된 지 오래되지 않은, 경험이 적은 기업들이 대부분이다. 경기는 호황과 불황을 반복하는 사이클을 보이기 마련이며 경기의 하강 국면에서도 버텨낼 수 있는 체력이 강한 기업들은 장수기업으로서 오래 생존한다.

　장기침체의 무서운 점은 장수기업도 버티지 못하는 경우가 많다는 것이다. 일본은 장기불황기에 기업들이 도산하거나 사업에서 철수하는 사례가 급증했다. 특히 오랫동안 사업을 유지해왔던 장수형 기업이 도산하는 일이 과거에 비해 늘어났다.

그림 33 일본 도산기업의 평균수명 추이

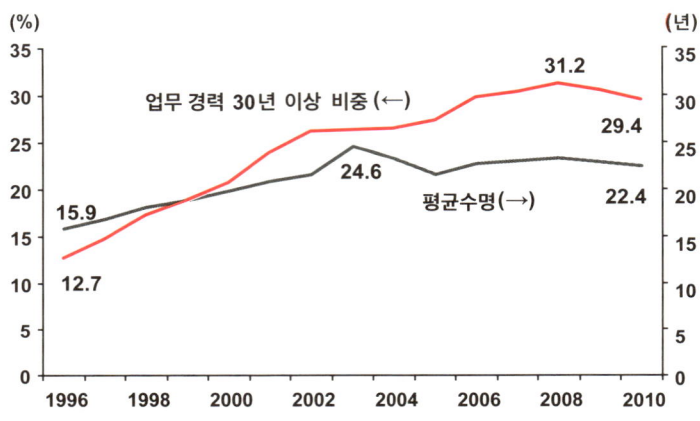

자료: 도쿄상공리서치.

　도쿄상공리서치의 집계를 보면 평균 업무 연수가 30년을 넘는 도산기업의 비중은 1990년대 중반의 10%대 초반 수준에서 2000년대에는 20%대로 상승했다. 특히 2007~2009년에는 3년 연속으로 30%대를 기록했다. 2010년의 경우 도산기업 1만 1,611개 중 30년 이상의 장수기업이 3,420개로 29.4%의 비중을 차지했다. 제조업은 문제가 더 심각해서 2010년 도산기업 중 38.2%가 30년 이상의 장수기업이었다.
　일본 경제가 장기부진에 빠져 있는 동안 구조적 변화 트렌드를 미리 감지해 신전략으로 전환하지 못했던 1등 기업이나 장수형 제조업체는 점차 경영위기에 직면했다. 기존의 1등 기업이나 장수형 기업은 과거로부터 내려온 경영 기반이 상대적으로 견고했기에 불황이 오자 일단 몸을 움츠리면서 어느 정도는 버틸 수 있었다. 하지만 일본 경제의 부진이 워낙 오랫동안 이어진 나머지 견디지 못한 기업들이 속출한 것이다.

우리나라의 오디오 팬들 사이에서도 널리 알려져 있던 아이와는 1951년에 창업한 유력 기업이었으나 아날로그 제품에서 구축한 확고한 노하우를 믿고 디지털화 대응에 늦는 바람에 어려움을 겪었다. 신흥국 기업과의 격렬한 경쟁에서도 밀리면서 2001년 소니에 의해 흡수합병되어 회사 자체가 없어지기에 이르렀다.

또한 LCD TV를 개발해 한때 일본 TV시장에서 파나소닉과 소니를 능가하는 브랜드파워를 구축, 일본 전자산업을 대표하는 기업으로 성장한 샤프는 리먼쇼크 이후 경영위기에 시달렸다. 결국 샤프는 2016년에 대만의 폭스콘에 매각됐다. 샤프는 1912년에 창업된 100년 기업이다. 특히 샤프가 개발한 샤프펜슬은 세계 각국에서 일반명사처럼 통할 정도다. 샤프는 LCD뿐만 아니라 초고효율 태양전지 등 높은 기술력으로 정평이 나 있지만 핵심 사업인 LCD TV와 태양전지 비즈니스에서 신흥국 기업의 추격을 받고 순식간에 어려운 처지에 빠졌다. 샤프는 1960년대부터 LCD 사업에 주력해 1990년대에 이를 TV용으로 발전시켰으며, 1998년에는 세계 LCD 생산의 절반 이상을 차지해 일본 전체 점유율도 80%를 넘었다. 그러나 기술적 강점을 믿고 신흥국 기업의 도전을 과소평가했던 샤프는 이에 한국과 대만 기업의 추격을 허용했다. 샤프는 2000년대에 들어서야 신흥국 기업을 견제하기 위해 생산기술의 유출을 막는 데 힘쓰는 한편 한국과 대만 기업에 대항해 대규모 생산공장의 투자에 나섰다. 하지만 이것이 재무적 불안정성을 야기해 결국 계속 적자에 시달리게 됐다.

아무리 1등 기업이라도 신흥 기업의 부상을 처음부터 가볍게 여겨서는 안 된다는 것은 중국 기업의 추격을 받는 한국 기업에게도 해당하는 이야기다. 그리고 한 번 신흥국 기업에게 추격을 허용한 시점에서는 이들과 맞대응하거나 수익성이 불확실한 대규모 투자로 만회하려 해서는 안 된다. 추락하기 시작한 시점에 기사회생을 노리고 승승장구하는 신흥국 기업과의 경쟁에 도박처럼 크게 베팅하는 것은 기술적인 우위성이 있다고 해도 대단히 위험하기 때문이다.

대기업이 더 어렵다

특히 장기침체 기간에는 전문 분야에 특화된 중소기업들보다 대규모 설비를 바탕으로 최종재를 생산하는 대기업들의 어려움이 더 컸다. 전자산업의 경우 샤프, 파이오니아 등 조립형 대기업의 실적이 상대적으로 더 크게 위축된 반면, 세라믹콘덴서의 무라타제작소, HDD용 소형 모터의 일본전산 등 부품 전문기업은 이를 도약의 기회로 삼기도 했다. 화학산업의 경우에도 1990년대 종합화학 기업들의 어려움이 계속 커지는 가운데 신에츠화학 등 소재 전문 기업의 위상이 높아지는 현상이 지속됐다.

예를 들면, LCD편광판 재료인 광학용 포발(Poval)필름에서 세계 시장의 80%를 차지하고 있는 크라레는 독창적인 기술에 장기 투자하겠다는 전략으로 핵심 분야를 강화해왔다. 크라레는 제2차 세계대전 이전의 초창기에 인조견사를 생산하고, 제2차 세계대전 후 폐허의 잿더미 속에서도 1950년에 세계 최초로 PVA(폴리비닐알코올)섬유인 비닐론의 개발에 성공했다. 경쟁사의 경우 합성수지를 생산하기 위해 구미에서 개발된 나일론 및 폴리에스터 생산기술을 잇달아 도입했지만 크라레는 독자기술인 비닐론을 개발해 이를 핵심 역량으로 삼았다. 다른 합성수지와 달리 석회석과 물로 만들 수 있는 비닐론을 개발해 학생복시장 등을 공략한 것이다.

크라레는 이 핵심 기술을 더욱 발전시키는 한편 다른 분야에도 활용하는 전략으로 선회하면서 사업의 중심을 합성섬유에서 특수화학소재로 옮겼다. LCD필름 소재 등에 쓰이는 PVA수지는 비닐론의 원료다. 산소를 차단하는 용기용 수지인 에발(Eval)수지는 PVA에서 파생된 것이다. 크라레는 독창적인 기술과 아이디어를 뒷받침하는 것은 직원이라는 생각으로 이들이 장기 근무하면서 핵심 역량을 기본적으로 연마하고 다양한 분야로 활용하도록 유도하고 있다.

크라레와 같은 전문기업이 상대적으로 호조를 보인 것은 저성장기에는 강점 분야에 집중하는 것이 중요하기 때문이다. 이와 반대로 종합전자 혹은 종합화학 등을 지향하는 대기업의 전략은 장기불황기에 어려움으로 작용했다. 상대적으로 호조를 보이는 사업의 수익을 부실한 사업 부문에 투입해 다양한 사업을 유지하면서 경기 호전을 기다리는 경영 방식은 장기불황기에는 큰 낭패를 보기가 쉬웠다. 강점 사업을 더욱 강하게, 즉 세계 1등으로 만드는 게 중요했던 것이다. 장기불황기에는 각 사업부가 함께 고통을 분담하자는 식의 전략이 어렵다. 대기업이라도 파낙처럼 공장용 자동화 기계에 집중해 세계적인 경쟁력을 유지한 기업은 장기불황이 남의 일인 것처럼 승승장구했다.

그러나 같은 기계산업이라도 조선, 일반 기계 등 다양한 사업을 하는 종합기계 업체인 IHI는 1990년 1월에 1,330엔이었던 주가가 2009년 2월에는 83엔까지 하락하는 어려움을 겪었다. 세계적인 경기침체의 여파로 인해 종합경영이 부진을 보인 결과다.

한편, 지역별로는 거점 도시에서 집중적으로 쇼핑하는 경향이 강해지면서 소도시와 농촌의 지역상권 몰락이 가속화됐다. 과거에는 고도성장과 인구 증가로 인해 일본의 대형 유통업체들이 지방상권을 적극적으로 개척해나갔다. 하지만 장기불황과 함께 인구감소 시대가 되자 과거에 확장한 점포의 철수가 잇따랐다. 일본 최대의 유통기업인 이온은 계열 슈퍼의 생존율(1997년 대비 2013년 현재)이 수도권은 86%, 지방상권은 73%에 불과하다. 2위 기업인 이토요카도는 수도권이 80%, 지방상권이 57%에 머물고 있다. 또한 파산한 다이에이는 점포생존율이 수도권은 58%, 지방상권은 27%라는 참담한 결과를 보였다(미즈호은행 산업조사부, Mizuho Industry Focus, Vol 157, 2014년 7월 2일 조사 기준). 농촌 지역에서는 주유소 등의 폐업도 잇따랐다. 이로 인해 생활이 불편해지자 인구가 더욱 감소하고 유통업체들의 철수가 가속화되는 악순환이 나타났다.

우리 기업도 현재의 저성장 기조가 단순히 시간이 지나면 좋아지는 경기순환적인 문제가 아니라 구조적인 성장 트렌드 저하에 기인한다는 사실을 알아야 한다. 과거의 경영 방식을 유지하면서 잠시 몸을 움츠린다면 단기간은 견딜 수 있겠지만 지속되는 경기

부진 속에서 결국 살 길을 찾지 못하게 될 것이다. 새로운 트렌드에 맞게 경영 체제를 바꿔나가면서 근본적으로 대응하겠다는 자세가 필요하다.

성공방정식의 변화

 일본 경제가 고도성장기에서 장기침체기로 진입하는 과정에서 이에 맞게 각종 제도나 기업의 전략이 바뀌지 못하자 기업들이 느끼는 충격은 더 커졌다. 만성적 공급과잉과 과소소비가 문제 되는 경제구조 속에서 정부나 기업 차원에서의 대처가 부진하면 경제가 장기간 침체하기 쉽다는 것을 일본의 사례는 보여준다.

 장기침체기 기업경영 환경 측면에서 가장 중요한 변화는 결국 시장수요가 위축됐다는 것이다. 공급이 부족해 생산하기만 하면 팔리던 고도성장기에서 수요가 부족해 공급과잉이 발생하는 시기로 바뀌면서 매출을 올리기가 매우 어려워졌다. 일반적인 경기후퇴기에는 수요가 위축되면 중앙은행이 금리를 떨어뜨려 본원통화

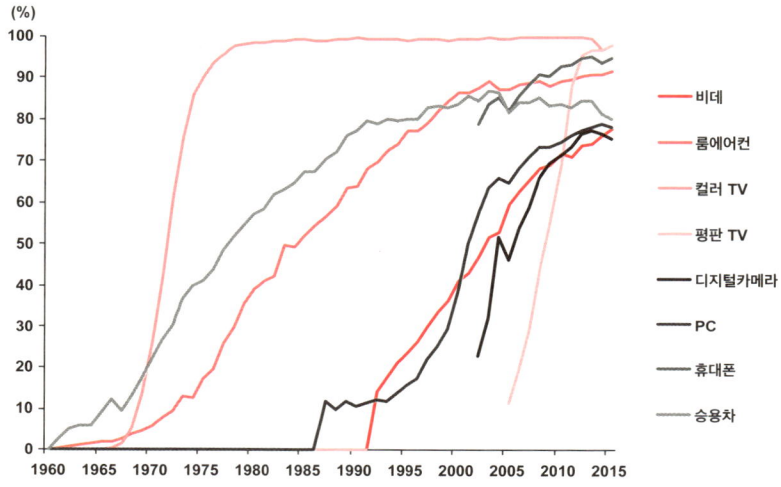

그림 34 일본 가정의 내구소비재 보급률 추이

자료: 일본 내각부.

를 공급한다. 또 정부가 재정 지출을 늘리면 수요가 어느 정도 회복되면서 기업들의 충격이 줄어든다. 그러나 일본의 장기침체기에는 아무리 금리를 인하하고 본원통화를 늘려도 가계의 현금 선호 경향이 높아만 갔고, 늘어난 통화가 소비에 사용되지 않고 그대로 은행예금으로 환원되면서 수요 진작 효과가 나타나지 않았다.

고도경제성장기에는 신제품이 나올 때마다 우선적으로 이를 구입하는 데 열을 올렸던 일본 소비자들이 장기불황기에는 '사고 싶은 물건이 없다'며 소비를 주저하는 경향이 커졌다. 이전 고도성장

기간 중 TV, 냉장고, 자동차 등 각종 내구재가 폭넓게 보급됐기에 새로운 수요를 개척하기가 무척이나 어려워졌다. 더욱이 저물가가 지속되는 가운데 1990년대 후반부터는 물가가 하락하는 디플레이션 상황에 빠지면서 일본 소비자들은 소비재 구입을 뒤로 미룰수록 더 싼 가격에 구입할 수 있다는 기대로 인해 소비를 더욱 꺼리게 됐다.

장기침체기 일본 기업들은 본원적인 사업 활동에서의 매출과 수익 악화뿐 아니라 영업 외 이익 측면에서도 큰 충격을 받았다. 버블 생성기에 투기 목적으로 비업무용 부동산 구입에 나섰던 기업들은 부동산가격 하락으로 인해 큰 손실을 입었으며 구조조정을 하기 위한 자금 마련도 어려운 상황이었다. 더욱이 주가도 하락하면서 자기 자본이 줄어들고 주식시장에서의 신규 자금 조달이 어려워졌다.

1980년대 후반 부동산 붐 시기에 대출을 늘려 부동산투자에 열중했던 기업들은 자산가격 버블 붕괴로 급격한 손실을 맞으면서 곧바로 시장에서 퇴출당하기도 했지만 그렇지 않은 대부분의 기업들은 장기침체기에 급작스럽기보다는 서서히 악화되는 시장 환경을 경험했다. 대공황이나 오일쇼크 등 커다란 경제위기가 닥쳐 시장 환경이 급변하는 상황에서는 기업들의 생존이 어렵다는 불안감이 고조되면서 위기 대응 경영 체제로 빠르게 전환한다. 하지만 장기침체기에는 위기를 바로 인식하기가 어렵다. 일본정부가 경제회복을 낙관하면서 근본적인 대책 마련에 소홀했듯이 기업들도 유사한 상황에 직면했던 것이다.

일본은 버블 붕괴 이후인 1990년대 초반에도 플러스 성장을 지속해 대공황과 같은 급격한 마이너스 성장은 나타나지 않았다. 이후에도 플러스와 마이너스 성장을 반복하면서 경제가 조금만 있으면 회복될 것이라는 기대가 계속됐다. 상황이 좋아지기를 기대하면서 일본정부가 단기 부양책을 지속하느라 중요한 시기를 낭비해버리고 오히려 경제의 체질을 더 나쁘게 만들었듯이 일본 기업들도 허리띠 졸라매기, 투자 줄이기 등으로 조금 더 버티면 좋아질 것이라는 기대를 하면서 근본적인 경영전략 변화에 소홀했다.

더욱이 저물가 혹은 디플레 상황에서 임금상승률도 낮았고, 경기부양을 위해 저금리가 유지되면서 기업들이 비용을 줄일 수 있는 여지가 컸다. 장기불황이 지속된 20년간 일본의 명목임금은 거의 제자리 수준이었으며 금리 역시 상당 기간 제로 수준에 머물렀다. 오일쇼크가 진정되자 유가가 낮은 수준을 유지했고, 엔고로 수입물가도 싸지면서 기업들에게는 어느 정도 버틸 여력이 있었다. 장기침체가 기업들에게 희망고문을 한 것이다.

이러한 상황들은 현재 우리나라 기업들이 겪고 있는 변화와 유사하다. 몇 년째 이어지는 경제불황 속에서도 기업들의 어음부도

율이나 부실 비율은 높지 않다. 부실이 우려되는 기업들은 상당히 많지만 실제 파산에까지 이른 기업들은 많지 않다. 매출 부진에도 불구하고 저임금, 저유가로 생산비 부담이 줄고 있는 데다 금리도 낮게 유지되어 재무비용도 높지 않다. 해마다 내년에는 경제가 나아질 것이라는 전망이 계속해서 나오는 상황에서 기업들은 조금만 지나면 괜찮아질 것이라는 희망고문으로 인해 어떻게든 버티는 전략을 쓰고 있다.

그러나 일본의 사례를 보면 그 결과가 낙관적일 수만은 없음을 알 수 있다. 과거의 성공전략에 지나치게 집착했던 기업들은 침체가 20년간 지속되는 악환경 속에서 대부분 큰 어려움을 겪었다. 성공방정식의 역전과 이러한 상황을 과소평가해 망한 기업의 사례로서 일본의 소고백화점이 유명하다. 소고백화점은 고도성장기에 크게 성공했지만 저성장과 저출산, 인구고령화에 따른 토지 신화의 붕괴, 소비 부진으로 경영위기에 빠져 결국 부도 처리됐다.

소고백화점은 1950년대 위기에 처한 기존 백화점을 은행 출신 CEO 미즈시마 히로오가 회생시키면서 본격적으로 성장하기 시작했다. 백화점의 고성장을 이끌었던 미즈시마는 점차 신격화됐다. 그는 탁월한 지도력과 인격을 지닌 인물로 평가됐다. 그가 실행한 공격적 점포 확장, 점포 자율경영 등의 전략은 일본 경제의 고성장과 맞물려 성공을 거듭했다. 사업성이 다소 불투명해도 일단 많은 토지를 확보해 지역상권을 선점하면 토지가격의 상승과 성장에 따른 매출 확대로 경영을 정상화할 수 있으며, 또한 영업적자를 기록해도 부동산 평가 이익이 훨씬 많을 것이라는 믿음이 성공방정식으로 작용한 것이다.

그러나 이러한 미즈시마의 전략이 성공방정식이 되어 CEO에 대한 회사 차원의 견제가 점차 사라지고, 점포망 관리 등 전술 차원의 조직 역량 강화에 실패하는 부작용이 발생했다. 더욱이 저성장 장기화에 따른 내수침체 및 부동산시장 침체와 유통혁명 과정에서 기존의 확장전략은 점차 효력을 잃어갔다. IT혁명으로 전자상거래가 대중화되고 경쟁 업체가 빠르게 성장하는 등 사업 환경의 변화에 대응하지 못한 소고백화점은 2000년에 도산했다. 소고백화점뿐만 아니라 고도성장기 이후 대량 출점 경쟁을 지속했던 일본 백화점업계는 일본 경제의 장기부진, 인구 감소, 전문점 증가 등으로 생존이 어려워진 점포가 속출했다. 결국 1위 유통업체로 유명했던 다이에이까지 도산하고 말았다.

임금과 금리 부담이 적었던 일본 기업이 캐치업형 성장 모델에서 벗어나 이노베이터로서의 개혁에 열의를 보이지 않고, 통상적인 원가 절감과 인원 감축 등의 합리화에 힘쓴 결과 중장기적인 매출 부진을 거듭했던 실수를 우리가 그대로 따라 해서는 안 될 것이다. 장기불황과 함께 일본의 임금은 약 20년간 제자리걸음이었으나 기업의 매출액 대비 인건비 부담은 매출 감소로 인해 줄지 않았으며, 일본 기업의 수익력은 점차 약화됐다. 가능한 한 현금을 쌓아놓고 위험한 투자를 회피하고 인원 감축, 합리화에 주력하는 과거의 경영 방식은 20년 이상 지속된 장기침체를 맞아 통하지 않게 됐다. 이에 일본의 사례를 통해 우리가 얻을 수 있는 교훈을 몇 가지 소개하고자 한다.

소비 트렌드 변화에 대비하라

 경기 변동이 일시적일 때는 사람들의 소비 경향이 잘 바뀌지 않지만 불황이 장기화될 것이라고 여겨지면 소비 흐름이 바뀐다. 과거 일본의 장기침체기 중에도 사람들의 소비 행태가 뚜렷하게 변화했다.

 일본의 장기침체가 시작된 이후 10년간의 소비 트렌드 변화를 보면 몇 가지 특징이 있다. 우선 재화에 대한 소비보다 서비스에 대한 소비가 더 높아졌다는 것이다. 물론 세계적인 수요 흐름이 재화에서 서비스로 바뀌는 경향도 있었지만 일본의 침체기 중에는 이러한 변화가 더욱 뚜렷했다. 전체 소비에서 재화가 차지하는 비중이 1990년 63%에서 2000년 59%, 2014년 56.4%로 크게 줄어

그림 35 가계의 소비지출 비중 추이

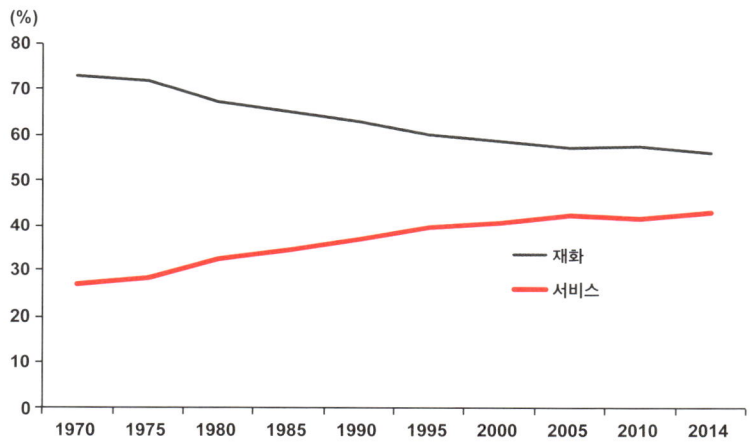

주: 소비지출 합계에서 용돈, 증여금, 기타 교제비,
이전금 등을 제외한 합계 금액에 대한 비중임. 2인 이상 근로자가구 기준임.
자료: 일본 총무성, 가계조사.

든 것이다.

 과거 고도성장기에는 가계의 소득이 빠르게 늘어나고 핵가족화가 진행되면서 주택 수요와 함께 가전과 자동차 등 다양한 내구재 수요가 확대됐다. 하지만 장기불황으로 가계소득이 둔화되고 결혼과 출산을 기피하는 경향이 커지자 가구 수 증가 속도도 느려지면서 내구재 소비가 크게 위축됐다.

 장기침체기에는 즐거움을 충족시키기 위한 선택적 소비보다는

그림 36 품목별 가계소비 지출 변화

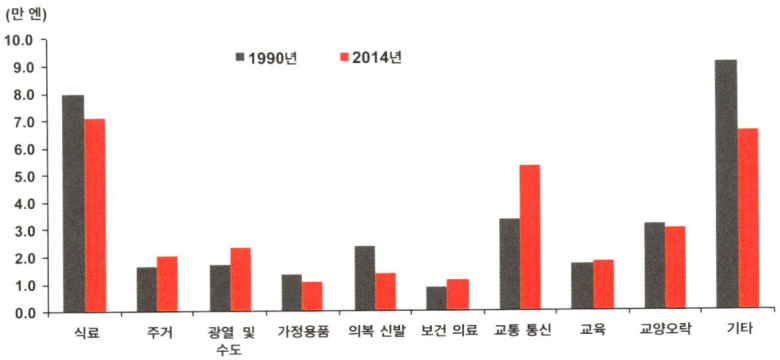

자료 : 일본 총무성 통계국

　의식주 및 건강 등 필수적 소비가 더 빨리 늘어난다. 일본에서는 교양오락 등 선택적 소비의 비중이 줄어든 반면 의료, 통신, 난방, 수도 등 필수적 서비스 소비의 비중은 높아졌다.

　내구재와 교양오락 소비 둔화는 결국 일본 경제의 어려움이 장기화되면서 생활고를 겪는 가계가 늘어나 선택적 소비를 할 수 있는 여력이 점점 약해진 데 따른 것이다. 미래 경제에 대한 불안감이 커지면서 점차 기대조차 포기하는 절망에 빠져 생존을 위한 필수적 소비를 더욱 중시하는 경향이 커진 것으로 볼 수 있다. 생활필수재를 더욱 안락하게 즐길 수 있도록 하는 소비를 더 선호하게 된 것이다.

이러한 특징은 인구고령화가 빠르게 진행된 것과도 밀접한 관계가 있다. 65세 이상 고령층의 경우 빈곤층으로 전락하는 어려운 가계와, 현역 때 축적한 금융자산으로 연금도 받으면서 현역으로 일할 때와 크게 다르지 않은 소비 수준을 유지하는 가계로 양극화되는 경향을 보였다. 그러면서 고령층의 소비가 전체 소비 지출에서 차지하는 비중이 계속 늘어났다. 2000년에는 65세 이상의 가계가 전체 소비 중에서 차지하는 비중이 30% 정도였으나 2014년에는 48%로 상승했다.

고령층의 경우 젊은 층에 비해 소비 트렌드를 주도하는 영향력은 눈에 띄지 않았으며, 일본 기업의 고령층을 겨냥한 히트상품전략 등도 큰 성과를 거두지 못했다. 전체적으로 고령층은 꾸준한 소비 패턴을 보였으며, 다른 세대와 비교해서 가정에서의 식사를 풍요롭게 하기 위한 식료품 등의 식품 소비 비중이 높았다. 기름진 외식 메뉴를 기피하는 성향이 뚜렷했으며, 고령자를 배려한 편안한 주택 구조로의 변경을 위한 인테리어 수요가 확대됐다. 유행에 쉽게 움직이지는 않지만 가치 있는 좋은 제품이나 브랜드를 꾸준히 지지하는 성향도 보였다. 장기불황에도 불구하고 안티에이징 관련 식품이나 화장품의 소비가 증가했다.

전체적으로 보면 고령층은 젊은 층에 비해 IT 관련 제품의 구매 비중이 낮았다. IT혁명에 따른 가격 하락 이점을 많이 보지 못했기 때문이다. 게다가 교외형 저가 양복 전문점, 드럭스토어 등의 새로운 유통점 대신, 약사나 점원이 상품을 자세히 설명해주는 약국이나 백화점 등을 이용하는 성향이 강해 유통혁명에 따른 가격 하락 효과도 다른 세대에 비해 크지 않았다. 다만 미국의 고령 베이비부머가 다소 가격이 높은 아이폰을 꾸준히 지지해 아이폰이 히트상품이 되는 데 기여했듯이 일본 고령자는 장기불황기에 평판 TV 등 고급 가전의 중요한 고객층으로서 기여했다. 디지털 기술을 가전 등 각종 생활용품이나 서비스에 활용하면서도 고령층이 디지털 기술을 쉽게 조작할 수 있게 한 제품이 유망했다고도 할 수 있다.

개인적인 만족에 집중하라

다른 한편으로는 소비성향이 청년층을 중심으로 한 사회적 관계 중시에서 점차 개인적인 만족을 강조하는 방향으로 바뀌어갔다. 연령별로 볼 때 장기침체기 중 충격이 가장 컸던 연령층은 청년층이었으며 그 다음이 고령층이었다. 고용보호 경향이 강했던 일본에서 대기업 정규직들은 고용을 유지한 반면 신규로 노동시장에 뛰어든 청년층은 일자리를 구하지 못하거나 비정규직에 만족해야 했다.

장기침체기 중 일본은 상대적 빈곤율이 뚜렷하게 높아져 OECD 중에서도 빈곤율이 높은 국가로 전락했다. 암울한 경제 환경 속에서 특히 일본 청년층의 소비 행태는 극적으로 변했다. 버블 호황기에는 젊은이들이 파티나 나이트클럽을 즐겨 찾고 중고차나 소형차를 구입해서 이성 친구와 데이트를 즐겼다. 하지만 경제침체기가 길어지자 이성 교제와 관련된 소비를 자제하고 집에서 비디오, 게임 등의 취미를 즐기는 등 일반적 소비를 기피하는 '초식남'들이 등장하기 시작했다. 이들은 술도 잘 마시지 않아 주류 매출이 줄었고, 음료회사들은 알코올 성분이 없는 맥주 맛 음료를 개발해 성공을 거두기도 했다.

이와 같은 소비 흐름의 변화는 단순히 소비 여력이 떨어졌기 때문만은 아니다. 장기불황은 개인들의 구매력뿐 아니라 가치관과 라이프 스타일, 나아가 사회구조에까지 영향을 미쳤다. 장기침체기 일본에서는 고령층과 동거하는 가구가 줄어들고 혼자 사는 가구가 늘어나면서 편의점에서 쉽게 식사를 해결하는 등 개인화되고 간편함을 추구하는 라이프 스타일이 널리 퍼졌다. 이에 따라 장기불황에도 불구하고 일본의 편의점은 계속 진화하고 있다. 도시락, 치킨, 어묵 등의 각종 조리식품뿐만 아니라 롤케이크, 마카롱 등 각종 디저트류도 보강됐다.

결혼 기피 성향으로 평생 독신으로 사는 단독가구가 급증하면서 가족의 형태도 달라지고 있다. 3세대 동거의 전통적인 가정이 3~4인 핵가족으로, 또 다시 1~2인 가구로 재분열되는 경향을 보이면서 기존의 사회유대 관계도 약화됐다. 결혼식이 없거나 결혼식을 해도 소규모로 하기 때문에 친지들이 모이는 행사가 줄어들었고, 호텔 등의 예식 수요가 급감했다. 일본에서는 사망한 지 여러 날이 지나 발견된 노인이 매년 3만 명에 달한다. 사망자 100명당 1명꼴로, 1시간에 약 3명이 고독사하는 것이다. 이에 따라 고립화되는 개인들 간의 사회유대 관계를 회복시키기 위해 지역 차원에서 각종 시민단체에 의한 다양한 커뮤니티 활동을 장려하고 있다.

우리나라에서도 유사한 사회구조 변화가 목격된다. 가족의 형태가 대가족에서 핵가족으로 바뀐 것은 오래전이고 최근 들어서는 단독가구가 급격하게 늘어나는 추세다. 향후 경제에 대한 우려와 출산 및 양육에 대한 부담이 커지면서 결혼을 포기하는 경향이 확산됐고 자연히 1인 가구가 늘어나고 있다. 전체 가구에서 1~2인 가구의 비중은 1990년의 22.8%에서 2010년에는 48.2%로 늘어났으며, 같은 기간에 4~5인 가구는 58.2%에서 30.6%로 하락했다.

1인 가구는 외식이나 가공식품 소비가 많고 사회적 고립을 피하기 위해 통신비나 교제비 지출 비중도 높다. PC나 가전제품 소비가 많으며 상대적으로 소형 제품을 선호한다. 특히 승용차나 가구 등 부피가 크고 고가인 품목의 소비를 줄이는 경향이 있다.

청년들의 어려움이 커지는 점도 과거 일본과 유사하다. 장기적인 경제성장률 저하로 청년층의 취업은 점점 더 어려워지고 있다.

전체 실업률은 3%대 중반을 기록하고 있지만 청년실업률은 10%에 육박한다. 경제불확실성 증가로 사업 활동을 지속적으로 할 수 있을 것인지 확신이 낮아질 때는 단기적인 성과를 중시하는 경향이 강해지고, 이에 따라 초기 업무 교육에 따른 비용 부담이 큰 청년층보다는 경력자를 채용할 유인이 높아질 수밖에 없다. 장기 성장잠재력이 낮아지는 시기에는 이처럼 미래 사업 전망을 불투명하게 보는 기업과 업체가 늘어나고 이에 따라 청년고용이 위축되는 현상이 발생한다.

이미 우리나라 청년들도 장기불황기 일본 청년들과 같은 소비 패턴을 보이고 있다. 일본에서 유행했었던 '초식남'이라는 용어는 우리나라에서도 흔하게 사용된다. 결혼이나 연애를 위한 경제적 부담을 기피하면서 자신의 취미 생활에 몰두하는 젊은 층이 늘어나고 있으며 반드시 결혼을 해야 한다는 의식도 약해지고 있다. 소위 연애, 결혼, 출산을 포기하는 '3포 세대' 혹은 여기에 인간관계와 내 집 마련을 포기하는 '5포 세대'라는 극단적인 표현들이 널리 사용되고 있다. 한국은 일본에 비해 최저임금이 낮아서 비정규직의 임금 수준이 더욱 열악하고 학생 시절의 학자금대출 부담이 가중된 젊은 층도 많아서 일본과 같은 장기불황이 심화된다면 젊은 층의 부채 충격이 더 커질 수밖에 없다.

일본처럼 1인 가구가 늘어나면서 사적인 유대 관계를 채워주는 라이프 스타일 보강 및 창조형 서비스나 제품에 대한 니즈가 증가할 것이며, 내구재의 보급과 함께 소비 비중도 재화에서 서비스로 더욱 옮겨 갈 것으로 보인다. 고령층이 지역공동체 속에서 시간을 보낼 수 있는 시간소비형 서비스 등에 대한 니즈도 늘어날 것이다.

한편으로는 식사, 생필품 쇼핑 등 필수 가사노동에 대한 합리화 요구가 확대될 것이며, 젊은 층과 고령층 모두에게 생활의 편의를 제공하는 서비스가 계속 선호될 것이다. 일본의 편의점은 장기불황과 함께 고도화를 거듭해왔다. 한국에서도 이러한 추세와 함께 스마트폰과 연계된 각종 배달, 택배 서비스 등이 발전하면서 기존 유통 구조에 변화를 가져다줄 것이다. 일본에서는 종합유통점이 드럭스토어, 양복 전문점 등 카테고리별로 분화해 성장했는데, 우리나라의 경우 IT혁명에 힘입어 각종 소비재 및 서비스에서 O2O(Online to Offline, 온·오프라인 연계) 유통경로도 급성장할 것으로 보인다. 일본의 고령층에 비해 한국의 고령층은 상대적으로 IT혁명에 의한 가격 하락과 서비스의 편리성 제공 효과를 추구할 것으로 예상된다.

단순한 저가전략은
성공하지 못한다

　일본의 가계는 장기불황을 계기로 과거의 성공 패턴을 유지하기가 어려워지면서 안정적인 소득 확대에 대한 자신감을 잃었다. 전반적으로 소비가 위축되면서 과거처럼 한 방향의 소비 패턴이 주류를 형성하기보다는 개인의 사정에 따라서 다양한 소비 패턴이 나타났다. 이에 따라 기업들은 원가절감과 생산성 향상에 힘쓰는 동시에 소비 세그먼트를 한층 세분화시켜야 했다. 각 세그먼트별로 다양한 제품을 출시하거나 다양해진 라이프 스타일에서도 공통적으로 사용되는 제품을 개발하는 기획력이 중요해졌다.
　예를 들어 자동차의 경우 젊을 때에 소형차를 구매하고 나이가 들수록 중형차를 타고 마지막에는 고급차를 구매하는 '언젠가는 당신도 크라운(대표적인 일본산 고급차)'이라는 식의 단계적 고급차 권유 전략이 더는 효과를 거두지 못하게 되었다. 무조건 고급차나 저가의 차를 선호하기보다는 자신의 라이프 스타일에 맞는 차량을 구입하게 된 것이다.

　불황 초기만 해도 양을 늘리거나 무료로 자유롭게 양을 추가할 수 있는 '호다이(放題, 마음껏)'식 마케팅을 펼치는 음식점이 인기를 끌었다. 하지만 불황이 장기화되자 꼭 가격이 싸거나 양을 많이 주는 단순한 전략이 성공으로 이어지지는 않는 추세다. 일본 맥도널드의 가격인하전략이 대표적인 예다. 고기 패티가 작은 초저가 햄버거가 출시되자 일시적으로 매출이 급증했지만 그 인기는 오래가지 못했으며 매출 부진이 현재까지 이어지고 있다. 단기간의 불황기에는 임시적으로 저렴한 가격의 제품이나 서비스를 구매하면서 버틸 수 있지만, 불황이 길어지면 소비자들에게 내재되어 있던 고급스러움을 추구하는 수요가 점차 결합되어 나타나는 것이다.

　가성비와 가치소비를 고려하는 일본인들을 공략하기 위해서는 차별적인 가치 포인트가 필요했다. 대표적인 사례가 우리에게도 잘 알려진 유니클로다. 유니클로는 베이직한 디자인을 강조해 저가 의류이지만 부끄럽지 않다는 브랜드 이미지를 구축하는 데 성공했다. 역시 저가 의류로 성공한 무인양품(無印良品, MUJI)은 쓸모없는 공정이나 포장을 버리고 '노브랜드'를 브랜드화하여 일본 소비자들에게 좋은 이미지를 주는 데 성공했다.

  전체적인 수요의 정체로 인해 매출 확대가 어려웠던 내구재의 경우 다양해진 라이프 스타일에 맞게 서비스와의 연계적인 부가가치를 창조하는 전략이 주효했다. 시마노라는 세계적인 자전거 부품 전문기업은 원래 경주용 고급 자전거에만 탑재하는 기어체인지 등의 부품을 일반 자전거에도 보급시키는 시스템을 개발, 자전거 애용자가 늘어나고 있는 세계적인 흐름을 타고 장기불황기에도 성장을 거듭하는 데 성공했다. 시마노의 경우 특별한 서비스화 전략은 없었으나 소비자들에게 경주용 고급 자전거 품질이라는 한 단계 높아진 제품가치를 제공하면서 가격상승을 최대한 억제하는 데 주력한 것이 호응을 얻었다.

불황도 이기는 소프트 가치

경제력이 약해진 일본 소비자의 수요가 서비스로 이동하면서 제품을 생산하는 기업으로서는 소프트 가치가 체화된 제품이 더욱 중요해졌다. 특히 해외 기업과의 경쟁 심화로 매출 부진이 심했던 가전제품 부문에서는 높은 기술력을 바탕으로 새로운 트렌드에 대응하면서 점차 감성이나 스토리 등의 소프트한 가치를 추구하는 전략이 유효했다. 장기불황이 심해진 1990년대 말에서 2000년대에는 세계적으로 디지털혁명이 파급되면서 휴대폰, 디지털카메라, DVD, LCD TV, 게임기 등의 신제품이 빠르게 보급되던 시기였지만 일본 기업들은 한국과 중국 등 아시아 기업의 추격으로 매출 확대가 여의치 않았다. 또한 디지털카메라나 워크맨 등의 기능이 아이폰 등장 이후 스마트폰에 흡수된 것도 일본 가전기업에게는 어려움으로 작용했다.

아날로그 제품에 디지털 기술을 접목하는 개선형 제품혁신전략을 취했던 일본 기업들은, 저가격 공세를 강화한 아시아 기업들과 새로운 디지털 기술로 제품의 파괴적인 혁신을 주도한 미국계 IT 기업들 사이에 끼인 샌드위치 신세가 됐다. 예를 들면 소니는 워크맨을 개발해 관련 시장에서 오랫동안 1등을 유지했으나 장기불황기에 신흥국 기업의 추격을 받았다. 소니는 미니디스크, 휴대용 CD플레이어 등의 개선형 신제품으로 맞섰으나 한계가 있었으며, 애플이 인터넷 연결이 가능한 아이팟을 출시하자 아예 산업 판도가 바뀌어 시장 입지를 순식간에 상실했다.

일본 기업 제품 중에서 상대적으로 성과를 거둔 것은 소물가전이나 디자인을 중시한 가전제품이었다. 일본 기업의 품질경쟁력을 강조하면서 각종 미용기기를 개발한 파나소닉의 전략이 대표적인 사례다. 얼굴이나 몸의 피부에 직접 작용하는 미용형 소물가전 시장에서 파나소닉 등 일본 기업의 입지가 커져갔다. 또한 쌀을 이용해 가정에서 직접 빵을 만들 수 있는 파나소닉의 가정용 제빵기, 오븐 기능이 포함된 샤프의 특수 전자레인지 등도 가격은 비싸지만 일본 소비자의 호응을 얻었다. 가사노동시간을 줄여주면서 외식 못지않은 품질, 바로 만든 신선함, 청결함이라는 부가가치를 창조할 수 있

그림 37 발뮤다의 토스터

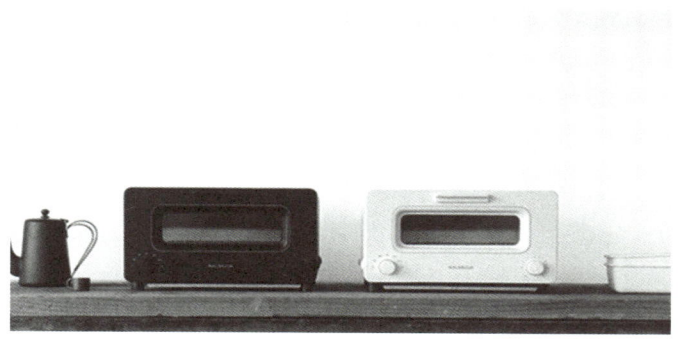

자료: 발뮤다 홈페이지.

는 가전제품이 호응을 얻은 것이다.

2015년 발뮤다에서 내놓은 토스터가 그 예다. 분주한 아침에 토스트 하나를 구워 먹어도 남다르게 먹고 싶은 독신자들을 겨냥한 제품이다. 발뮤다의 토스터는 습기(물을 토스터에 주입하는 방식)와 온도를 세밀하게 조절할 수 있어서 빵을 맛있게 구워준다는 호평을 받았으며, 2만 2,900엔의 고가임에도 불구하고 판매량이 높다.

자동차의 경우 같은 내구재라도 아시아 기업의 추격이 강하지 않았다. 하지만 인구 감소, 젊은 층의 자동차 기피 경향에 고전했다. 고령자는 시골에 내려가기도 하고 이동성을 유지하기 위해 자동차를 계속 보유하는 경향이 있었으나 가계조사 등에서도 나타나는 바와 같이 연료비 부담이 문제였다. 일본 기업은 전반적으로 자동차 소유자의 연료비 부담을 줄이기 위한 연비 개선과 함께 하이브리드(HEV) 차량 개발에 주력했다. 획기적으로 연료비 부담을 줄일 수 있는 하이브리드 차량은 차 자체의 비용은 다소 높아도 유지비 부담을 줄이고 싶은 은퇴자들이 선호했다.

　일본 자동차산업은 장기불황기 소비 행태의 변화와 자동차기술의 변화에 맞게 경쟁우위 강점을 잘 활용해서 성공했다. 일본 자동차산업이 축적해왔던 품질기술을 기반으로 환경기술을 강화한 것이다. 하이브리드는 전기차와 달리 휘발유와 전기모터를 다 사용하는 복잡한 구조를 가지고 있다. 따라서 제품 구조가 IT제품에 비해 비교적 복잡하기 때문에 아시아 신흥국 기업과 차별화된 일본 기업의 세밀한 조립가공기술이 강점으로 작용했다. 이처럼 장기불황기에는 시장구조의 변화에 맞게 자사 기술의 강점을 진화시키는 노력이 중요하다.

　서비스가치를 제품에 체화하기 위한 방안으로 일본에서 강조하고 있는 '코토즈쿠리'에 주목할 필요가 있다. 일본은 기존의 모노즈쿠리(제조라는 의미. 1990년대 이후 일본 제조업의 강점을 강조하는 표현으로 사용)만을 강조해왔던 전략에서 모노즈쿠리 기반 위에 코토즈쿠리(제품에 하드웨어 가치뿐만이 아니라 콘셉트나 스토리, 서비스 연계 등의 부가가치를 추가하는 것), 즉 새로운 체험을 창조하는 것의 중요성을 강조하고 있다. 일본 재계 조직인 경제동우회는 2011년 6월에 코토즈쿠리 실천을 위한 제언을 했으며, 2013년에 경제산업성도 'ICT 코토즈쿠리 검토회의' 보고서를 발표한 바 있다. 구체적인 기업 동향으로는, 건설기계를 생산하는 코마츠가 건설장비에 센서등을 부착함으로써 고객 기계의 가동 상황을 검토하고 보수관리 서비스를 고도화하며 수급관리의 효율을 높인 사례가 있다. 도요타자동차는 '도요타프렌드'라는 정보 공유 공간을 만들고 유저와 자동차, 유저와 유저 간의 정보 교류를 통해 일상생활에서 보다 자동차를 즐겁게 즐길 수 있는 문화를 만들고자 애쓰고 있다. 프랑스베드는 센서를 내장한 침대를 발전시켜 고령자가 넘어지는 사고를 방지할 수 있는 기능을 추가했다.

글로벌시장에
살 길이 있다

　장기침체기에는 내수 부진 역시 장기화되기 때문에 그만큼 세계시장의 중요성이 크다. 그러나 현재 세계경제 역시 성장 활력이 한 단계 낮아지고 불확실성도 큰 만큼 기존의 수출확대전략만으로는 한계가 있다. 기업의 입장에서는 해외직접투자에 더욱 적극적으로 나서면서 수출과의 선순환을 강화하는 것이 중요하다.

　일본은 장기불황 초기에 해외투자가 자국 산업의 공동화를 촉진할 것을 우려하면서 해외투자전략에 소극적으로 대응하다가 어려움이 가중됐다. 높은 기술력을 가지고 자국시장에 안주하거나 선진국시장에 대한 수출에만 온 힘을 기울인 일본 기업은 장기불황과 함께 부진에 빠졌다.

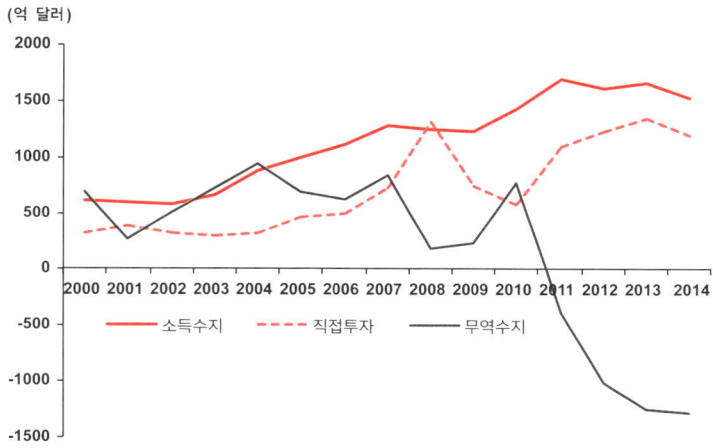

그림 38 일본의 해외투자와 투자수익 송금 확대 추이

주: 직접투자는 일본에서 해외로 투자된 금액 기준임.
자료: 일본 재무성, JETRO.

일본 중소기업청은 2010년판 중소기업백서를 통해 해외직접투자 실시 중소기업과 해외직접투자 비실시 중소기업의 경영 성과를 일본 내 종업원 수를 가지고 비교 분석한 결과를 내놓았다. 여기서 해외직접투자 실시 기업은 2003년 90.0(2000년을 100으로 한 종업원 수)에서 2007년 101로 늘어난 반면, 해외직접투자 비실시 기업은 2003년 95.7에서 2007년 97.2로 정체되어 있는 것으로 나타났다. 교토의 반도체 제조장치(세정) 기업인 ICF는 일본 대기업을 고객으로 한 OEM 생산을 주력으로 확장했으나 해외투자를 통한 해외고객 개척이 부진했으며, 리먼쇼크 이후의 글로벌 경제 위축과 일본 기업고객 수요 급감에 직면해 2009년 2월 파산했다.

반면 해외투자에 적극적으로 나섰던 자동차산업에서는 기업들이 상대적으로 높은 성과를 냈을 뿐 아니라 일본 내 생산 및 수출기반도 계속 유지됐다. 일본 자동차산업은 해외생산과 함께 일본 거점의 수출경쟁력을 유지하고, IT화의 어려움으로 세밀한 제조조립 노하우의 강점이 빛을 잃지 않은 환경에서 생산 시스템의 혁신을 거듭해 중국의 추격을 억제하고 있다. 1990년대 후반에는 한때 전기전자산업과 같이 완성차의 수출경쟁력 하락, 부품 분야의 경쟁력 유지 및 특화 경향이 보였으나 그 후 완성차가 수출 우위성을 급속히 회복, 부품과 완성차의 선순환이 유지되고 있다. 완성차와 부품의 선순환 구조를 활용하면서 21세기를 대비한 대형 혁신제품인 하이브리드 자동차개발을 1990년대 말에 완료했다. 중장기적 투자와 제품 개선으로 하이브리드 자동차는 대히트 상품으로 도약했다.

반면 전자산업의 경우 일본 내 거점이 부품산업 위주로 재편되어 자동차산업처럼 부품과 최종제품의 선순환, 이를 기반으로 한 차세대 제품개발력의 강화가 다소 미진했다.

장기침체기 기업들은 해외전략을 적극적으로 추진하되 본국에 제품, 부품, 소재를 망라한 이노베이션 시스템을 유지하고, 해외

현지의 각종 지식이나 기술적인 성과가 본국 본사에 집약되는 구조를 갖추는 것이 중요하다. 또한 차세대 제품기술이나 핵심적인 공정기술은 본국에 유지하는 것도 염두에 둬야 한다.

 탄소섬유로 성과를 높이고 있는 도레이는 해외공장을 늘리는 한편 일본 공장을 남겨두고 있다. 도레이는 의도하지 않은 기술 유출을 예방하는 한편 제품 개량, 이노베이션 능력의 유지에 힘쓰고 있다.

세계시장에서 고립된 일본 기업들의 탈출 사례
―

 일반적으로 해외시장 대응은 수출을 통한 초보적인 시장개척형 현지화부터 시작하지만 현지시장을 보다 세밀하게 알고 현지시장에 맞는 제품을 개발하고 생산, 판매하기 위해서는 현지투자가 필요하다. 일본 기업은 장기불황기에 내수시장을 우선시하면서 제품 기획과 기술을 강화하고 소득 수준이 높은 선진국에 수출하는 전략으로 일관해 브릭스(BRICs) 등 신흥국에서의 고성장 기회를 놓치고 말았다. 단순히 수요가 확대되는 시장을 놓쳤을 뿐 아니라 일본 제품과 기술이 세계시장에서 고립되는 결과를 낳았다. 환경 변화를 적시에 인식하지 못하면서 공급자 중심의 마인드가 고착됐고 수요보다는 품질과 기능을 강조하는 경향이 커졌다. 이러한 일본 규격의 실패를 중남미의 고립된 섬에 비유하면서 '갈라파고스' 현상이라는 용어가 유행했다.

이에 대한 반성으로 최근 일본 기업들은 신흥국에서 현지화하고 신흥국의 수요에 맞는 제품을 개발하며 여기서의 이노베이션 성과를 거꾸로 일본시장에도 도입하는 볼륨존전략을 취하고 있다. 아시아를 중심으로 분업 구조를 고도화하고 이 과정에서 일본 내 생산 기반의 고도화, 본사 서비스 연구 기능의 활성화 및 고도화에 주력하겠다는 계획이다. 아시아를 중심으로 한 해외생산 네트워크를 강화해 세계시장점유율을 높이는 데 성공한다면 일본 본사의 각종 경영 서비스, 연구 기능을 확대할 수 있고 이러한 본사 기능이 해외 현지화에도 유리하게 활용될 수 있다.

일본 기업이 해외에서 수익을 창출하고 일본 본국으로 보내는 투자입국화 전략이 강화되면서 일본 기업에 의한 M&A(매수·합병)도 확대되고 있다. 소프트뱅크에 의한 미국 이동통신사 스프린트의 대형 매수를 비롯, 최근 일본 기업들은 엔저에도 불구하고 구미 기업의 매수에 나서고 있다. 소프트뱅크처럼 구미의 성숙시장에서 안정적으로 자금흐름을 가질 수 있는 기업을 매수해 자사의 매출과 수익의 비연속적 확대에 나서는 일본 기업들이 늘어나고 있다. 또한 파나소닉은 B2B(Business to Business)사업을 강화하면서 현지에 강력한 영업 및 보수 서비스망을 구축하기 위해 미국의 업무용 냉장고 기업의 매수에 나섰다. 이처럼 일본 기업들은 자사의 현지거점망을 확충하기 위한 M&A에도 주력하고 있다.

우리나라도 기업 내 국제 분업 구조의 고도화를 기반으로 전체 무역의 고도화에 힘쓰면서 국내 산업 및 연구·서비스 기능의 고도화에 주력해야 한다. 앞으로 해외거점과 본사 간의 선순환과 함께 중소형 협력사를 포함한 수요 파생 메커니즘의 활성화가 중요해질 것이다. 각 해외거점의 창의와 경험을 한국 본사로 집약화할 수 있는 체제를 기반으로 한국 내에서 토착화된 다양한 협력 중소기업, 연구개발거점, 첨단제품 생산라인 등을 기반으로 새로운 콘셉트의 제품을 계속해서 개발하면서 양산 기술까지 주도할 수 있는, 지역 강점에 뒷받침된 글로벌 체제가 중요하다.

수출경쟁력 강화를 위해서는 글로벌한 환경 변화에 맞게 산업, 기업의 포지션, 주력 분야를 엄선하면서 외부 역량을 활용하는 자세가 필요하다. 특히 중요한 것은 본국에서의 제조 역량을 유지하고 강화하면서 새로운 제조업의 트렌드 변화에도 기민하게 대응할 수 있는 지식화된 제조 강점을 갖는 것이다. 글로벌 전략은 단순히 해외현지시장 공략, 생산기지 활용 목적뿐만 아니라 기업의 글로벌 네트워크 강화, 전체 네트워크의 경쟁력을 통한 사업 확대 차원에서 주력할 필요가 있다. 국내거점을 강점 분야에 특화시키는 동시에 해외의 역량을 활용하겠다는 의지가 중요하다. 일본 기업 중에는 해외거점을 확장하면서 일본 내 거점을 동시에 강화하고 있는 다이킨에어컨, 도요타자동차 등이 수시로 업그레이드되는 제조 강점을 통해 수출 확대와 기업 이익 증대 성과를 거두고 있다.

기술집약형 고부가가치 생산, IT · 연구개발 · 디자인 · 비즈니스 모델 창출력 등 서비스 경쟁력 강화, 해외자산 수익의 확대 등을 뒷받침해줄 수 있는 투자입국을 지향하려면 상대적으로 취약한 금융투자기술의 강화도 과제가 될 것이다. 어려운 과제이지만 핀테크(Fintech, Finance(금융)와 Technology(기술)의 합성어) 등 새로운 금융 이노베이션 시대에 즈음하여 기존의 금융기술이나 인프라 기반을 무력화시킬 수 있는 파괴적인 금융기술에 상대적으로 주력하면서 글로벌 경쟁력 강화에 힘쓸 수 있는 기회도 있다. 이러한 기회를 놓치지 않도록 각종 IT기업, 통신사 등 다양한 기업들이 금융기술의 개발에 매진하는 등 발 빠른 대응이 필요한 시점이다.

사업서비스에서 부가가치를 창출하라

최근 수출 엔진이 식어가면서 우리 기업들은 매우 힘든 상황을 맞았다. 전기전자, 자동차, 화학, 철강, 기계 등의 주력 산업에서 예전처럼 수출의 큰 폭 확대가 어려워졌을 뿐만 아니라 오히려 수출이 감소하는 경향이 나타나고 있다. 중후장대형 장치산업에서 세계 수요가 위축됐을 뿐 아니라 신흥국의 추격이 빨라지는 한편 선진국도 IT, 그린 기술혁신 등을 통해 경쟁력 강화에 매진하고 있다. 애플 아이폰의 고급 시장 석권과 샤오미 등 중국 기업의 추격, 중국의 철강산업과 조선산업의 급팽창과 반도체 및 LCD 산업에 대한 대규모 투자, 일본 도요타자동차의 질주 등을 보면 한국 수출산업을 둘러싼 사업 환경은 그리 낙관적이지 않다. 이는 1980년대 중반 이후 일본 기업들이 겪었던 상황과 유사하다.

그렇다면 1980년대 당시 일본과 유사하게 선진국들의 경계 대상이 되어 통화가치 절상 압력을 받았던 독일 기업들은 어땠을까. 화폐절상의 정도, 유럽시장이라는 배경, 조직 역량 등의 측면에서 독일과 일본 기업은 차이가 있었지만 특히 강조하고 싶은 점은 서비스 역량이다. 일본은 제품의 제조 역량은 강하지만 사업서비스(마케팅, 컨설팅, IT 서비스, 광고, 법률, 회계, 연구개발 등)의 부가가치 창출이 독일에 비해 크게 뒤처진다. 이에 따라 제조업 제품에 체화되는 사업서비스 부문의 고부가가치 창출이 현격히 낮은 것으로 나타나고 있다. 브랜드, 디자인, 소프트웨어 등 하드웨어를 고도화시키는 데 필요한 지적 부가가치가 낮은 일본 제품들은 결국 가격경쟁력을 무기로 하는 신흥국과의 경쟁에서 차별화되지 못해 점차 경쟁력을 잃어갔다.

　제조 비즈니스의 경우 경제의 선진화, 성숙화, 성장세의 둔화 시점에서 신흥국과의 전면적인 가격경쟁에 매진해 체력을 소모하기보다는 수출 부가가치를 높이기 위한 사업서비스를 활용하고 육성하는 것이 중요하다.

　우리나라 제조업은, 앞으로 서비스산업의 비중이 확대되는 서비스화 현상 속에서 제조업의 서비스 및 소프트웨어 경쟁력 강화가 중요해질 것이다. 서비스산업화가 일본처럼 부가가치가 낮고 저임금에 의존하는 단순 서비스업을 중심으로 전개된다면 한국경제의 성장세도 정체될 수밖에 없다. 새로운 고부가가치 서비스업을 기존 제조업의 진화 및 서비스화 혁신 과정에서 연계적으로 발전시키면서 생산성 증가율을 높게 유지하는 노력이 필요하다. 그리고 각종 콘텐츠, 소프트웨어, 기획 및 마케팅 등 부가가치가 높은 서비스업의 생산성을 높이면서 수출산업으로 도약하고 세계시장을 겨냥할 수 있도록 성장하는 것이 중요하다.

　그동안 한국 기업도 각종 제조 현장에서 소프트웨어 기술 인력을 육성하고 활용해왔으나 이러한 소프트웨어 부분이 보다 주도적으로 제품개발이나 제품과 연계된 서비스 부가가치 창조에 주력할 필요가 있다. 또한 외부 기업 간 오픈 이노베이션을 통해 혁신을 일으키고 아울러 자사의 서비스와 제조 등의 조직 역량이 외부 시장에서 개별적으로 경쟁력을 갖출 수 있어야 한다. 이를 위해서는 각각의 조직 역량을 개별적으로 강화하는 것이 중요하다. 일본 기업의 경우 소프트웨어 기술자들이 기업 내부 사업에 집중함으로써 다양한 분업의 기회와 아이디어 교류를 통한 능력 강화에 부정적으로 작용한 면도 있었으니 우리는 이를 타산지석으로 삼아야 한다. 애플처럼 생태계전략을 자신의 강점 분야, B2B 등에서의 서비스 생태계에서 구축해나가는 자세도 중요하다.

작은 변화로는
살아남기 어렵다

　장기침체기에는 소비 심리가 위축될 뿐만 아니라 줄어든 수요를 차지하기 위한 기업 간의 경쟁이 치열해진다. 이때 기존 제품을 조금씩 개량한 제품들은 소비자의 눈에 띄기 어렵기에 상식을 뛰어넘는 혁신적인 신제품개발이 중요하다. 혁신으로 성과를 거두지 못한다면 소비 부진과 매출 부진을 피하기가 어렵기 때문이다. 일본 기업은 구미 선진국의 제품을 모방하고 응용하면서 성장하는 캐치업 전략으로 성장해왔기 때문에 새로운 제품을 혁신적으로 개발하는 것은 능숙하지 않았으며, 이노베이터로서의 역량을 갖추는 데 고전했다.

　예를 들면 장기침체기 일본에서는 자동차의 차체나 엔진 배기량을 확대하는 일방적인 고급화 전략이나 TV 등의 내구재에 각종 작은 기능을 추가하는 개량형 제품혁신이 모색됐으나 성과가 미진했다. 소니는 워크맨에서 발전한 미니디스크를 개발했으나 오늘날 돌이켜보면 일본과 세계 각국의 소비자는 이러한 개량 제품을 외면했고 인터넷 콘텐츠 혁신 트렌드를 잘 활용한 애플의 아이팟이 세계시장을 석권했다. 소비자에게 새로운 가치를 제공하는 새로운 콘셉트를 가진 제품개발이 필요했던 것이다.

우리나라도 마찬가지다. 우리 기업이 캐치업에 능숙하기 때문에 괜히 이노베이터를 지향하는 것은 무리라는 주장도 있으나 과거와 같은 추격자전략을 고수하는 것은 결국 경제의 성숙화 속에서 쇠퇴를 거듭할 수밖에 없는 운명에 스스로를 가두는 것이다. 일본 기업이 선진국의 기술이나 제품을 모방해 고도성장했던 시기가 지나 스스로 혁신을 주도해야 할 처지가 되면서 과거에는 유효했던 관행이나 시스템이 기능하기가 어려워진 것을 보면 알 수 있다.

또한 성공에 따른 자만심과 도전 정신의 약화도 경계해야 한다. 한때 세계 1위로 도약한 일본 반도체산업이 급속히 약화되는 과정에서 일본 기업은 추월했다고 생각했던 미국 기업이나 신흥국 기업의 추격을 과소평가했다. 대체적으로 1등 기업은 기존의 사업 환경에 잘 적응한 기업이다. 즉, 반대로 생각하면 장기불황, 인구 고령화라는 새로운 동향이 나타나고 사업 환경이 급변할 때는 기존 질서에 과잉 적응한 1등 기업이 망하기 쉽다.

고객과 함께 기술 트렌드에 대응하라
−

일본 기업은 1980년대까지 신에너지 기술의 응용, 에너지절약 기술 활용, ME(Micro Electronics)혁명 등 중요한 기술 트렌드에 잘 적응해 경쟁력을 높였다. 하지만 1990년대 이후에는 그렇지 못했던 것이 제조업의 전반적인 경쟁력을 약화시킨 것으로 보인다. 일본 기업은 1980년대까지는 선진국의 모범 사례를 모방하고 이를 따라잡는 추격자로서 높은 기술혁신력을 발휘했지만 스스로가 세계 정상급 기업으로서 변화를 주도하는 혁신자로 발전하는 데는 부족했다.

1990년대 이후 일본 기업이 어려움을 겪은 이유 중 하나로서, 기존의 제품 개량을 통한 품질개선 노력이 큰 효과를 발휘하지 못해 신흥국 기업과의 끊임없는 가격경쟁에 직면한 현상을 지적할 수 있다. 고품질의 오디오회사 등이 잇따라 몰락했으며, 고화질 TV로 평가가 높았던 파이오니아도 경영위기에 직면해 매각 처분됐다. 파이오니아는 흑색 화질의 강점을 이용해 고급 평판 TV시장에서 압도적인 브랜드파워를 자랑했다. 2000년의 시장점유율은 50%에

달할 정도였다. 하지만 고가격과 고품질을 계속 고수한 결과, 시장 저변이 확대되는 과정에서 양산 기술에 강점을 가진 경쟁사에 의해 점차 밀려났다. 휴대폰에서도 일본 기업은 세계 최초로 인터넷 접속 기능, GPS 서비스, 전자화폐 등의 기능을 개발했으나 정작 본격적인 스마트폰 시대에서는 주도권을 갖지 못했다.

 제품이나 기술은 도입기에서 성장기, 쇠퇴기로 이어지는 흐름을 피하기 어렵다. 기업이 계속 활력을 유지하려면 기존 사업이나 제품의 성숙화 및 진부화(陳腐化) 흐름을 역전시키는 탈성숙화 전략을 통해 부가가치를 높여야 한다. 제품 성숙기에 접어들면 기존 기술 방향에서 아무리 많은 노력을 통해 개선을 거듭해도 그 성과는 떨어질 수밖에 없고 전혀 새로운 기술로 도전하는 제품이나 기업의 위협을 받게 된다. 일본 기업은 탈성숙화를 통한 제품 부가가치의 제고 전략 측면에서 기존 기술의 개선에 몰두하다가 쇠약해졌다.

 예를 들면, 2000년대에 들어서 IT 기술과 가전기술이 융합되고 기존 가전제품이 디지털 가전제품으로서 새로운 전기를 맞아 신성장 영역으로서 각광을 받게 됐으나 가전 왕국인 일본은 이 디지털 가전으로의 변화 트렌드에서 큰 성공을 거두지 못했다. 자체 규격인 아날로그 하이비전 TV를 고집하면서 디지털화가 늦어진 것이다. 그 후 가전기술과 IT 기술의 융합화 과정에서 일본 기업은 IT

기술을 필요에 따라 보완적으로 추가해왔지만 IT 기술의 비중이 커지면서 전반적인 제품 콘셉트나 개발 체제가 복잡해지는 부작용이 생겼다. IT 기술을 추가적인 것, 보완적인 것으로 간주하는 하드웨어 지향의 제품개발 패턴이 제품의 복잡성, 플랫폼 대응 미숙 등의 문제점을 가져온 것이다.

일본 기업은 IT 기술을 추가하면서 대응하는 것이 아니라 제품 사상, 개발 시스템 전체를 IT 기술과 각종 인터넷 콘텐츠 비즈니스에 적합한 형태로 혁신할 필요가 있었다. 제품과 사업의 탈성숙화를 위해서는 IT 기술과 같이 중요한 산업 트렌드에 맞게 과감하게 전략을 전환할 필요성과 함께 기업이 가지고 있었던 모노즈쿠리 등 고유의 핵심 역량을 진화시키고 다각적으로 활용할 필요성이 있는데 일본 기업은 이에 어려움을 겪었다.

고객과의 협동 이노베이션을 추구하는 도레이

도레이는 섬유에서 출발해 탄소섬유 등 고부가가치 소재 분야로 사업을 다각화하는 데 성공하고 있는 기업이다. 도레이는 고객과의 협창(協創)을 통해 이러한 성과를 거두고 있다.

범용화학과 달리 일본의 기능성 화학산업은 고객과의 활발한 교류를 통해 자사 기술 역량을 연마하면서 신시장을 개척해 성과를 거두어왔다. 고객과의 협창전략에서 중시됐던 것이 고유 기술로 시장을 개척하겠다는 전략적 입장이었다. 일본 화학기업은 기능성 화학 분야에서 고유 기술을 연마하고 이를 다른 분야에 응용하면서 신규 시장을 개척해 도약했다. 신규 고객 개척 과정에서 고객과의 공동개발로 이노베이션 효과를 확보한 것이다.

고객과의 공동개발을 위해 기존 조직과 별도로 이노베이션센터와 같은 조직을 만들고 있다. 복수의 조직이 이노베이션센터를 통해 고객과 동시에 협업해 소재뿐만 아니라 부품, 모듈 등 고객의 최종 솔루션을 고려하고 있다.

그림 39 고객과의 협력을 통한 도레이의 이노베이션 체제

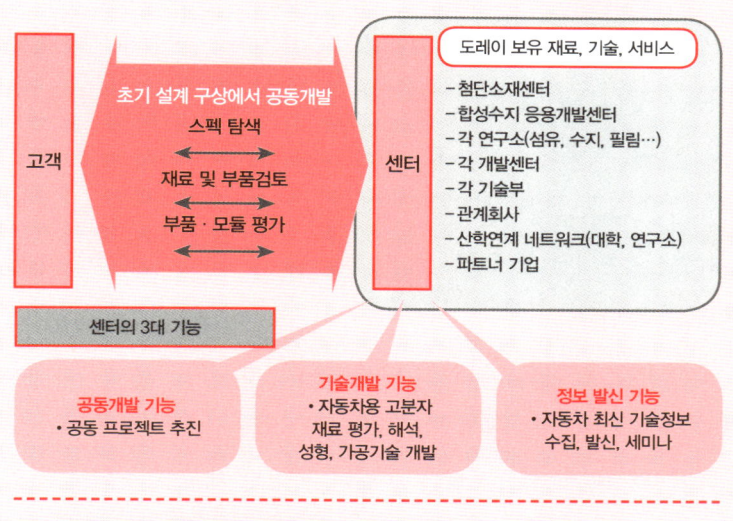

고객과 목표를 공유하고 도레이의 재료, 기술, 서비스, 네트워크를 동원하면서 서비스 융합형 솔루션 제공

자료: 도레이.

> 자동차 분야의 경우 도레이는 오토모티브(Automotive)센터에서 고객의 니즈에 대응해 초기 단계에서 스펙을 검토하고 있다. 그림 39와 같이 도레이는 오토모티브센터를 통해 고객과 목표를 공유하고 도레이의 재료, 기술, 서비스, 네트워크를 동원해 서비스 융합형 솔루션을 제공하고 있다.

성공 경험에 얽매이지 않는 혁신
—

일본 기업이 IT 기술을 본격적으로 도입하는 혁신에 부진했던 것은 아날로그 시대에 강점이 있었고 이에 따른 성공도 경험했기에 조직이 새로운 트렌드를 받아들이기 어려웠다는 측면이 있다. 우리 기업도 그동안 많은 성과를 거두었으나 저성장·성숙경제 시대에는 기존의 성공 경험 중에서 일부는 버리고 새로운 것들을 받아들여야 한다.

소프트뱅크는 끊임없이 업태를 바꾸면서 성장해온 기업이다. 현재는 인터넷 공간에서 인프라와 서비스를 융합하는 존재로 부상해 외부 협력사를 포함한 전략적 시너지 제고에 주력하고 있다. 소프트뱅크는 일본 장기불황에도 불구하고 지속적으로 성과를 거두어왔다. 최근 강화되어 온 소프트뱅크의 인터넷 복합기업

(Conglomerate) 경영을 보면, 트렌드에 따라 발 빠르게 사업을 전환하는 등 경영 스피드가 높다. PC 관련 출판사업에서 검색과 금융 사업을 강화하다가 통신 인프라, 이동통신 위주로 업태를 전환, 현재는 빅 데이터 등 인터넷 관련 서비스 사업 확충에도 주력 중이다. 소프트뱅크는 한국계 일본인 손정의 회장의 리더십에 기초하여 업태를 과감하게 전환, M&A에 성공한 기업이라도 트렌드 변화가 판단되면 과감하게 매각하는 전략을 취하고 있다. 최근에는 메가솔라발전 사업도 적극 확대 중이다.

현재 소프트뱅크가 지향하는 인터넷 복합기업 경영의 큰 방향은 인프라와 서비스의 융합을 통해 고객의 행복을 창조하겠다는 것이다. 소프트뱅크는 인터넷 가상공간에 연결되는 각종 사업을 통해 행복을 창조하는 데 힘쓰고 있다. 통신 인프라와 넷 서비스의 독창적 융합으로 고객을 감동시키는 서비스 창조에 힘쓰며, 각 사가 자신의 경계와 한계를 탈출하는 데 주력하고 있다. 그룹 각 사가 경계파괴형 사업 및 기술융합 경영에 주력하면서 전사적으로는 전략적 시너지가 발휘되도록 하고 있는 것이다.

소프트뱅크와 같이 벤처 정신을 유지하고 있는 기업과는 달리 오랫동안 생존해온 기업은 그간 축적한 경영자산에 대한 미련이 강하다. 그리고 경영자산 중에는 새로운 시대에도 필요한 것들이 많다. 따라서 기업으로서는 시대의 변화에 따라 버려야 할 것과 버리지 말아야 할 것을 구분하면서 혁신해나가야 한다. 다만 중요한 것은 새로운 트렌드에 맞는 신규 사업의 경우 기존 조직이나 인력으로는 한계가 있기 때문에 조직을 분리하고 젊은 인재를 발탁해야 성공할 수가 있다. 또한 평가 기준도 달라져야 한다. 기존 사업의 강점, 기술 등의 경영자산을 활용하면서 새로운 트렌드에 적응할 수 있는 능력을 가지면 대기업이나 오래된 기업도 벤처기업에 뒤지지 않는 혁신에 성공할 수 있다.

미쓰비시전기는 장기불황기에 종합전자기업으로서의 위상에서 벗어나 공장기계와 파워 디바이스 등 강점 분야에 집중함으로써 혁신을 이루고 있다. 미쓰비시전기는 공장자동화(Factory Automation), 파워칩 등의 파워일렉트로닉스 하드웨어의 강점을 보다 강화하는 VI(Victory) 전략과 이 강점을 융합해서 새로운 솔루션 사업을 개척하는 AD(Advance) 전략을 추진하고 있다. 에너지 기술, 파워일렉트로닉스 기술, 센서 기술, 디바이스 기술, 광전파기술, 재료기술, 미디어 기술, 영상기술, 정보기술 등을 강화하면서 SiC 적용 철도차량용 인버터, SiC 인버터 탑재 에어컨, SiC 인버터 내장 모터 시스템 등의 개발에 주력하고 있다.

미쓰비시전기는 각 요소 기술을 가진 연구소, 센터가 하나의 순환적인 연합체가 되도록 연결해 각 기술의 연계 부분이 새로운 융합기술 이노베이션을 일으키도록 유도하고 있다. 예컨대 첨단기술

종합연구소는 플랫폼 기술, 정보기술종합연구소는 통신·음성 기술, 디자인연구소는 유저인터페이스, 설계시스템센터는 플랫폼의 구체화, 생산기술센터는 생산기술 등을 담당하면서 카내비게이션의 모든 기술이 서로 연결되고 융합을 도모할 수 있도록 유도하고 있는 것이다.

이를 위해 미쓰비시전기는 각 연구소와 제조 부문의 거리를 좁히기 위한 조직적 노력을 강화해 부장급 인재를 리에종 맨(Liaison man, 가교 역할자)으로서 활용하고 있다. 리에종 맨이 조직 간의 교류를 활발하게 함으로써 기술을 유연하게 융합하는 체제를 구축한 것이다. 기존의 기업 중앙연구소에서 연구자가 아무리 연구를 해도 소비자를 납득시킬 수 있는 제품을 만들 수 없다는 '중앙연구소 무용론'이 오랫동안 일본 기업에 대한 비판 포인트였으나 미쓰비시전기는 이 리에종 맨 시스템을 통해 전문기술 연구에 매몰되기 쉬운 중앙연구소 체제의 혁신에 성공했다. 리에종 맨을 통해 제조 분야와 연구 분야의 경계를 무너뜨리고 기술과 개발 아이디어, 고객 인사이트가 융합됨으로써 시너지 효과가 발휘될 수 있도록 유도하고 있다. 리에종 맨은 각 연구소에서 미쓰비시전기의 각 지역에 있는 공장과 사업소에 겸임 형태로 파견되는 직원이며, 전체 연구소 인원 중 40명의 부장급이 이 직위에 해당한다.

리에종 맨인 타니 슈이치의 경우(키시 노부히토, "'강한 것을 더욱 강하게' 전략으로 역풍에 이긴다", 「PRESIDENT」, 2009년 2월 16일) 효고현에 위치한 첨단기술종합연구소의 기계시스템 기술부 부장이다. 동시에 2006년 4월부터 엘리베이터나 빌딩관리 시스템을 취급하는 아이치현의 계열 공장인 이나자와 제작소에도 근무하는 리에종 맨으로 임명된 이후 한 달에 3~4일 정도 공장에서 정보를 수집하는 한편 2개월에 한 번 첨단기술총합연구소와 연락회의를 개최하고 있다. 연구소와 공장의 연계 및 기술융합을 위해 리에종 맨은 서로의 시즈(Seeds, 기술의 씨앗)와 니즈를 매칭시켜서 미래를 위한 로드맵을 공유, 시너지 효과를 높이는 데 주력하고 있다. 목표가 구체적이고 확실한 로드맵을 작성하는 데 있어 리에종 맨이 큰 기여를 하고 있는 덕분에 각 연구소나 공장은 전체 모습을 조망하면서 행동할 수 있어 낭비를 줄일 수 있다.

그래도 일류는 통한다

전반적으로 일본 제조업이 침체되어 있지만 모든 기업이 추락한 것은 아니다. 오히려 장기침체기에 더욱 도약한 기업들이 있다. 신흥국과의 경쟁에 밀려 많은 산업들이 도태됐지만 새로운 강점이 될 분야에 주력해서 독보적인 기술력을 인정받은 기업들이다.

일본은 한때 한국 등 아시아 기업에게 주도권을 빼앗긴 LCD, 반도체에서의 위상 회복을 위해 온 힘을 기울였으나 결과적으로 큰 낭패를 보았다. 완제품시장에서도 다른 나라들에 1등 자리를 내주었지만 부품 및 소재 산업, 그중에서도 핵심 소재 분야는 장기침체 기간 중 주력 산업으로 도약했다. 이와 함께 기계 및 로봇 산업도 개도국에 잠식당하지 않고 경쟁력을 유지했다.

표3 세계시장점유율 80% 이상의 독보적 일본 기업

	기업명	제품	점유율	개요
완성품 및 장비	동북전자산업	초미약 발광계측 장치	약 100%	물질의 산화 등을 조사하는 기기
	니콘	LCD 노광장치(중소형)	90%	액정 회로 패턴 전사(傳寫)
	도쿄일렉트론	반도체 제조용 도포 현상 장치	80%	반도체 회로를 형성할 때 사용하는 장치
	호리바제작소	자동차 배기가스 분석기계	80%	배기가스 중의 성분을 검출
부품	일본가이시	NAS전지	100%	유일하게 사업화에 성공
	아사히다이아몬드	태양전지 실리콘을 절단하는 고정식 와이어	90%	미세한 피아노선에 다이아몬드의 입자 전착
소재	아사히화성	재생 셀로스 섬유	100%	양복의 안쪽이나 내의에 사용
	일본화성	태양전지 봉지재용 첨가제	90%	구성 향상, 변색 방지
	미쓰이금속	스마트폰용 초박형 동박	90%	회로의 형성 재료

자료: www.nikkei.co.jp, 세계 제일의 비밀 일본의 알려지지 않은 유일한 기업, 2011.10.12.

부품과 소재 등에서 성공한 일본 기업은 표3에 나와 있는 바와 같이 IT, 그린 비즈니스 등 시대의 조류인 첨단기술을 쫓기보다는 자사의 강점 분야에 집중하면서 압도적인 우위를 구축한 기업이 많다. 자동차 배기가스 분석기계를 만드는 호리바제작소는 세계 각국의 자동차회사나 환경부 등에게는 교체하기 어려운 독점적인 위치에 있다. 호리바제작소의 분석장치는 2015년 폭스바겐 디젤자동차의 오염물 배출량 계측에도 힘을 발휘했다.

또한 하마마츠포토닉스는 광전자장치에서 세계적인 명성을 얻고 있는 기업이다. 2002년 일본인 코시바 마사토시 도쿄대학교 교수가 노벨물리학상을 받을 수 있었던 것도 하마마츠포토닉스의 광전자배증관이 대량 설치된 장치(카미오칸데)로 뉴토리노(neutrino, 미립자의 하나)를 관측한 덕분이었다. 하마마츠포토닉스의 광전자배증관은 2015년 카지타 타카아키 도쿄대학교 교수의 노벨물리학상 수상에도 기여했다. 하마마츠포토닉스는 광전자에 집중하면서 일본이 자랑하는 소행선 탐사선 '하야부사'의 이미지센서에도 제품을 탑재했다. 하마마츠포토닉스의 정밀한 광학기술을 활용하면 달에서 손전등을 점멸하는 것까지 지구상에서 관찰할 수 있을 정도라고 한다.

  한편 전기절연재료 분야에서 시작한 닛토덴코는 점착, 코팅, 고분자 기능 제어, 고분자 분석·평가 등 네 가지 기반기술에 집중하면서 다양한 제품군을 개발 및 생산하고 있다. 네 가지 기반기술을 활용한 시트필름을 기반으로 70개가 넘는 영역에서 약 1만 3,500 종류의 제품을 생산하고 있는 것이다. 고유 기술을 활용해서 성장이 기대되는 첨단 분야를 선정하고 기술적 차별화를 통해 '글로벌 니치 탑(Global Niche(틈새) Top)'의 지위를 선점한 후 시장 확대, 제품 개량 등을 통해 성장하고 있다. 그린 분야에서는 점착테이프와 전자 관련 제품을 기초로 새로운 제품과 기존 제품의 새로운 용도를 개발하는 데 힘쓰고 있다.

최근 일본은 산업 신진대사의 중요성을 인식하면서 항공기, 우주 등으로 육성·발전 분야를 전환하고 있다. 방향 전환에 시간이 소요됐지만 로봇, 우주, 항공기 비즈니스 등에서 성과가 나오고 있으며, 앞으로 경쟁력을 강화할 것으로 보인다. 혼다자동차 등 자동차기업이 항공기 제작에서 성과를 거두고 점차 세계시장에서의 입지를 강화할 가능성이 있으며, 인공위성 발사 비즈니스에서도 세계시장점유율을 높여갈 가능성이 있다.

우리나라도 앞으로 비교우위가 있을 것으로 보이는 제조 분야를 강화해나가는 자세가 중요하며, 중장기적으로 과학기술, 산업계의 제조기술 등의 집약화 강점이 있는 분야를 개척해나가야 한다. 새로운 그린에너지 혁신 과정에서 기존 제조업의 진화를 모색할 수 있는 분야 등이 유망할 것으로 보인다. 예를 들면 일본을 제치고 세계 최대의 점유율을 확보하게 된 2차전지는 스마트폰 등 전자기기와 함께 전기차, 에너지 스토리지(ESS) 등의 분야로 확산 중이며, 제품 자체와 함께 각종 소재, 제조장치, 에너지솔루션 서비스 및 소프트웨어 분야 등으로 사업 영역이 확대되고 있다.

핵심 역량을 트렌드에 접목하라
—

자체적인 기술력만으로 성공하기 어렵다면 자사 고유의 강점을 시대의 변화에 맞게 발전시키는 것도 중요한 경쟁력 강화 방법이다. 예를 들면 닛신보HD는 본업인 방직사업이 개도국과의 경쟁에서 밀리자 기존의 기술을 다각적으로 활용하는 과정에서 브레이크 부품 사업에 성공적으로 진출했다. 방직사업에서 축적한 마찰력이 큰 섬유에 대한 기술을 응용해 브레이크 패드의 성능을 향상시키는 데 성공한 것이다. 도레이는 섬유기술을 이용해 탄소섬유를 개발하여 항공기 등 각종 구조재에 사용하기 시작했다. 또한 탄소섬유를 자동차산업에 응용해 기존 소재를 대체해나갈 전략을 가지고 있으며, 해수를 담수화하는 플랜트에 쓰이는 분리막 재료 분야에도 탄소섬유를 사용할 방법을 연구하고 있다.

일본 화학산업의 경우 자사의 기술 역량을 다각적으로 활용하면서 새로운 시장을 개척하는 데 성공한 기업들이 쏙쏙 나오고 있다. 소재기술은 장기적으로 쌓아야 하므로 중장기적으로 기술에 투자할 수 있는 일본 기업의 특징상 이노베이터로서 성장하는 데 상대적으로 유리한 것으로 보인다.

자사의 핵심 역량에 맞는 비즈니스 모델을 지리적으로 확장해 성공한 일본 기업 사례도 있다. 야쿠르트는 여성 영업사원에 의한 방문판매, 소형 용기에 유산균 음료를 넣어 판매하는 비즈니스 모델을 우리나라를 포함한 아시아 신흥국으로 급속히 보급시키는 데 성공했다. 일본 경제가 고도성장기에 있을 때부터 적극적으로 신흥시장을 개척해 선점한 효과를 거둔 것이다.

기업의 핵심 역량을 더욱 강화하거나 새로운 핵심 역량을 보강하려면 M&A가 효과적인 방법이 될 수 있다. 일본 기업도 경영 환경의 변화에 맞게 전략을 전환하기 위한 수단으로서 M&A에 나서고 있으며, 성공 사례도 나타났다. 공기업에서 민영화한 담배회사인 재팬타바코는 1999년에 9,424억 엔에 미국 RJR인터내셔널을 매수해 세계 3위로 도약한 데 이어 2006년에는 2조 2,530억 엔을 투자해서 영국의 갈라허를 매수, 세계 2위인 브리티시아메리칸타바코와 비슷한 규모가 되어 일약 일본의 대표적인 글로벌기업으로 발전했다.

이들 성공 기업들은 자사 사업과 거의 관련성이 없는 연구 주제에 연구개발 자금을 낭비하지 않으면서도 기존 사업이나 기술의 연속적인 개선에만 몰두하지 않고 다른 분야와의 교류 등을 통해 새로운 제품과 사업을 개척했다. 이와 함께 핵심 역량을 사회 및 기술 트렌드에 접목하기 위해서 기술경영 체제를 혁신하고 있다.

우연한 행운으로 자사 기술을 다각적으로 활용해서 성공한 기업들도 이러한 행운을 필연으로 만들기 위해 기술경영 체제를 새로이 구축하고 있다. 예를 들면 생활화학의 카오는 각 사업부의 연구소, 중앙연구소 간의 경계를 낮추고 이들이 자유자재로 협업하며 각종 기반기술의 융합을 가능하게 했다. 덕분에 카오는 새로운 콘셉트를 가진 제품개발에서 성과를 거두고 있다. 카오는 장기불황기에도 히트 상품을 만드는 데 성과를 보여왔다. 예를 들면 2003년에 출시한 다이어트 효과가 인정된 녹차 음료 '헬시아'는 녹차의 카테킨 성분을 연구하는 생물 부문과 인간의 생체 구조를 연구하는 헬스케어 부문의 지식이 서로 자유롭게 융합할 수 있도록 한 매트릭스 조직이 의견 교환과 우연한 아이디어의 결합을 촉진해 성공한 사례다.

첨단 부품 및 소재 분야에서 성공하고 있는 일본 기업은 자사의 강점 분야를 첨단기술적인 관점과 로우 테크놀로지(low technology, 절삭, 연마, 결합 같은 재래의 일반적 기술)적인 관점에서 동시에 검토하고 양자를 결합하는 자세로 새로운 제품개발에 성공하고 있다.

로우 테크놀로지적인 기반기술을 연마하면서 시대의 변화에 맞는 첨단기술을 개발하기 위해서는 사회와 경제 트렌드에 맞게 자사의 핵심 역량을 강화하는 기술 트렌드 포착의 시스템화가 과제가 된다. 무라타제작소는 사회, 고객, 기술 등에 대한 트렌드 분석을 기반으로 작성된 로드맵을 사내 및 협력회사와의 컨센서스로 활용하면서 핵심 역량을 중심으로 한 기술경영의 목적과 비전을

그림 40 무라타제작소의 세계 최소 세라믹콘덴서

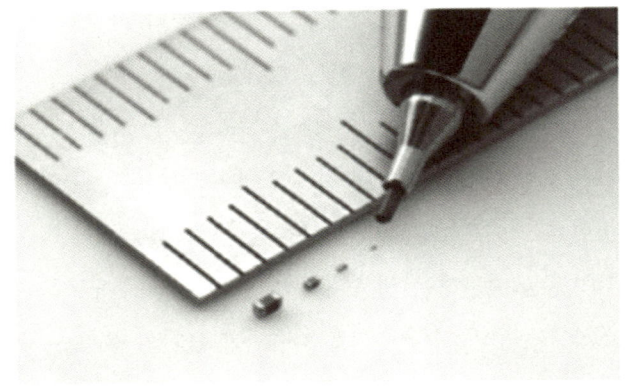

자료: 무라타제작소 홈페이지.

공유해 연구개발의 효과를 높이고 있다.

　물론 기술이나 제품 개발뿐만 아니라 제품의 품질경쟁력도 중요하다. 따라서 무라타제작소는 실패 사례에서도 배우는 품질향상 능력을 강화해왔다. 제조 과정 등에서 발생한 크고 작은 품질 문제를 데이터베이스로 축적하면서 철저하게 원인을 규명하고 개선점을 찾는 데 활용하고 있다. 특히 2000년대 들어서 전자산업의 IT화에 따라 기존의 전자기기보다 제품 라이프 사이클이 짧은 PC와 스마트폰 시장이 중요해지면서 이러한 IT 사이클에 맞게 품질을 개선하는 체제를 강화했다. 예를 들면 블루투스 부품의 기반이 되는 세라믹스는 소성(燒成)할 때 수축하는 성질이 있기 때문에 수축의 편차를 억제하는 것이 중요하다. 무라타제작소는 수축의 편차가 발생하는 원인을 찾기 위해 제조공정에서 1만 3,500개 항목의 정보를 분석했다. 이 결과 편차가 발생하는 것은 원재료의 특성이나 소결 방식 등의 원인들이 복합적으로 작용한 결과임을 파악했다. 실패 원인을 좀 더 자세하게 분석한 결과 가공 과정에서 원재료에 포함되는 물질이 영향을 준다는 것을 밝혀냈다. 무라타제작소는 이 실패 분석 결과를 토대로 원재료에 포함되는 물질의 함유량을 측정하고 원재료를 선별하는 조치를 취함으로써 불량률을 20분의 1로 줄이는 성과를 거뒀다.

  기업은 강점 기술을 가지고 기존 고객에게 만전을 기하고, 과거 경영 활동의 축적으로 성공했더라도 무라타제작소처럼 새로운 트렌드에 따른 고객의 요구나 제품 라이프 사이클의 변화에 대응해야 한다. 이때 자사의 전체 사업 과정을 원점에서 세밀하게 분석하면서 과거의 기준으로는 실패가 아니라도 새로운 기준으로는 실패가 될 수 있는 원인을 철저하게 분석해 결정적 실패를 막는 노력이 중요하다.

강점 기술을 활용한 기술융합 경영으로 성공한 후지필름

후지필름은 사진필름시장이 사라져가는 어려운 환경 속에서 기존 사진기술을 IT, 의료 등에 융합적으로 활용할 수 있는 조직적 기초를 CEO의 강력한 리더십으로 구축해 위기 극복에 성공했다. 사진필름 사업이 세계적으로 축소되고 소멸하는 과정에서 LCD필름, 화장품, 의료 등으로의 다각화에 성공한 것이다. 이는 기존 사진기술을 새로운 분야 진출에 활용했기 때문이다. 사진기술에서 축적한 광학, 무기재료, 박막가공, 기계, 소프트웨어 등의 기반기술을 신사업과 신제품에 활용했다. 각 분야의 첨단 제품기술 연구 과정에서 기반기술을 활용하고 융합하는 구조가 구축됐다.

그림 41 후지필름의 기술융합형 첨단연구소

후지필름 첨단연구소
· 전사 수평적 첨단연구
· 신사업, 신제품의 기반이 될 핵심 기술 개발을 추진
· 2006년 설립, 폭넓은 전문기술자 600명

이 과정에서 CEO 스스로가 사진기술을 LCD 등 IT 분야, 화장품 분야 등과 융합하기로 결정하고 투자를 주도했다. 불연속적인 이노베이션으로서의 기술융합을 방침으로 세워서 프로젝트를 추진하면서 계속해서 기술융합이 가능한 조직적 기초를 형성했다. 후지필름의 기술융합형 첨단연구소(2006년 설립, 폭넓은 전문기술자 600명 근무)의 경우 필름 사업에서 축적한 유기합성, 박막다층 코팅, 정밀미세가공, 렌즈 설계, 레이저, 화상처리, 화학, 광학, 전자, 소프트웨어 등의 기술자가 집결해 있다. 기술융합과 창신(創新)을 강조, 연구원 스스로 연구소의 레이아웃을 설계, 벽이 없는 사무실 공간, 사외 파트너와 신속하게 협업할 수 있는 실험실 등이 마련됐다. 개발연구 부서와 기초연구 부서의 혼합 연구팀을 운영하면서 융합을 촉진한 것이다.

복합 프로젝트 경쟁력을 높여라

―

정점에 도달한 각종 제조업의 강점을 융합하면서 새로운 영역을 개척해 경쟁력을 확보하는 것도 중요하다. 일본이 최근 주력하고 있는 것은 제조업의 복합적인 프로젝트 수출화, 인프라 수출 비즈니스 강화다. 강점을 가진 산업과 연계해 융합 비즈니스에서의 소프트웨어 개발을 통해 경쟁력을 확보하겠다는 것이다.

유럽 등지로 철도 인프라 수출에 성공하고 있는 히타치제작소는 신호기 하드웨어를 판촉하면서 철도신호 체계와 관련된 시스템을 같이 수출하고 있다. 신호기 시스템이나 소프트웨어는 수시로 교체되기 때문에 히타치제작소로서는 이러한 IT솔루션 매출을 꾸준히 확대할 수 있다. 우리도 원자력, 신재생에너지, 스마트 그리드(Smart Grid, 지능형 전력망) 등의 에너지솔루션 분야 등에서 성과를 기대할 수 있을 것이다.

　사실 일본은 제품 라이프 사이클이 짧고 불확실성과 판매 규모가 큰 반도체, 휴대폰 등보다는 제품 라이프 사이클이 길고 불확실성이 작으며 판매 대수가 적고 대당 가격이 높은 원자력발전소, 플랜트, 제조장치 등의 산업 인프라형 산업에서 강점을 갖고 있다. 일본 기업은 플랜트, 메인프레임, 반도체 제조장치, 고속철도, 석탄 및 원자력 발전 기술 등에서 주도적인 위치를 차지하고 있다. 다만, 일본 기업은 세계 인프라 비즈니스에 있어서 소재와 부품, 장비를 판매하는 하청기업적인 비즈니스에 특화해 구미계 엔지니어링 기업이나 인프라 서비스 기업에 비해 수익성이 떨어지는 것이 문제로 지적되어 왔다.

　따라서 일본은 수년 전부터 소재 및 부품, 장비의 경쟁력을 인프라 운영 서비스와 결합해 금융도 제공하는 인프라 패키지 비즈니스 확대에 주력해왔다. 아베 내각 역시 인프라 패키지 비즈니스화를 적극적으로 추진해나가겠다는 자세를 보이고 있다. 일본 기업은 고객에 대한 서비스가 탁월하다는 특징이 있으며, 최근에는 각종 서비스업이 세계시장 진출에 성공하고 있어서 이러한 일본식 서비스의 강점을 소재와 부품, 기계와 결합해 인프라 패키지 비즈니스를 확장할 수 있다는 계산이다.

일본의 세븐일레븐, 유니클로 등의 서비스업은 아시아시장뿐만 아니라 구미시장에도 진출해 성과를 거두고 있다. 이들 기업들은 일본 특유의 과하다 싶을 정도로 고객에게 서비스를 제공하는 '오모테나시(대접)' 문화와, 차별화된 태생적인 서비스 DNA에 기초한 마케팅 능력을 세계시장에서 펼치겠다는 포부를 가지고 있다. 이러한 서비스경쟁력에 소재 및 부품, 기계기술에 강한 제조 노하우를 결합하면서, 보수 및 관리 측면에서도 고도의 고객 서비스를 제공할 수 있는 패키지화된 인프라 수출 비즈니스를 개척하려는 것이다.

우리나라도 신흥국의 발전 플랜트나 도시개발 등 건설 분야와 연계된 복합 프로젝트 수출경쟁력을 가지고 있으며, 아랍에미리트(UAE) 원전 수출 등에서 실적도 내고 있다. 태양광 재생에너지, 전력저장장치(ESS), 솔루션을 복합적으로 공급하는 수출전략이 일본 등에서 수출 실적을 내는 등 잠재력을 가지고 있다.

업무제휴를 활용하고 콘셉트 창조력을 키워라

일본 기업들은 기술이나 가격경쟁력의 한계를 자국 기업연합을 통해 극복해왔으며, 이제는 세계 각국의 수주 비즈니스를 성사시키기 위해 각국 기업과의 제휴에도 주력하고 있다. 일본 기업은 각종 인프라 비즈니스에서 세계 각국 기업의 강점과 약점을 분석하면서 프로젝트별로 효과적인 파트너를 조직화하는 종합 능력을 기르는 데도 힘쓰고 있다.

예를 들면 2012년 4월에 나온 일본경제산업성의 보고서 "일본 기업 경쟁력의 현상과 과제"는 석탄화력 발전 분야에서 일본 기업과 함께 구미 기업, 한국 기업, 중국 기업 등의 경쟁력을 비교 분석하고 있다. 또한 일본 기업이 한국과 제휴해 인프라 수출에 주력하는 사례도 늘어나고 있다. 일본계 상사가 한국수출입은행과 제휴 관계를 맺고 정보교환을 통해 기업연합을 구성, 각국 인프라시장 개척에 나서는 일을 어렵지 않게 찾아볼 수 있다. 예를 들어 미쓰비시상사는 한국가스공사와 인도네시아 액화천연가스 제조판매 사업에 공동으로 참가했다. 미쓰이물산은 대우건설과 함께 2014년 모로코에 대형 석탄화력발전소를 건설했다. 이토추상사는 SK건설과 함께 터키 석탄화력개발소 EPC(설계, 조달, 시공) 계약을 공동 수주, 2015년 공사를 끝마쳤다.

일본 기업은 각국 기업과 활발하게 제휴하고 연합 조직을 구축하는 한편 각종 인프라 사업의 패키지화를 위한 콘셉트 창조력 강화에도 주력하고 있다. 인프라 수출에서는 단순히 현지 정부의 발전소나 수처리 건설 수주에 대응할 뿐만 아니라 친환경 에코시티 전체를 기획하고 건설, 운영하는 고도의 인프라 사업이나 현지 정부의 공업 발전에 도움이 되는 전략적 제안을 하는 데 주력하고 있다. 예를 들면 일본 정부와 재계가 차세대 전략시장으로서 중시하고 있는 미얀마에 대해서는 정부 차원의 인프라 패키지 수출에 주력하면서 수도 양곤 근처의 경제특구에 스마트시티를 건설하는 프로젝트를 추진 중이다. 엔 차관, 국제협력은행 융자와 함께 상하수도 정비, 태양광발전을 포함한 스마트 그리드 구축, 대학 등 교육기관 유치 등에도 힘을 기울이고 있다. 그리고 미얀마 전역에 일본식 우체국 물류망을 구축하는 데 주력하면서 정보통신 네트워크 구축 비즈니스에서 일본 기업의 참여도 모색하고 있다.

일본은 미얀마뿐만 아니라 동남아 전역에 일본식 우체국 인프라 시스템을 패키지로 수출하는 데 힘쓸 방침이다. 일본 기업은 과거 구미에서 개발한 제품을 개량하는 비즈니스에서 1990년대 이후 LCD TV 개발, 게임 사업 창조 등 새로운 콘셉트를 창조하는 비즈니스에서 일정한 성과를 보여왔으며, 이러한 콘셉트 창조력을 인프라 수출에 활용할 계획이다. 과거 콘셉트 창조전략에서는 한국 등 아시아 기업의 추격을 허용하는 우를 범했다는 반성으로 소재·부품·기계 경쟁력과 서비스 능력을 결합한 수직적 비즈니스 체계에 각국 기업과의 효율적인 제휴라는 글로벌 오퍼레이션 능력, 풍부한 금융 조달 및 지원 능력을 활용하면서 차별적인 콘셉트로서의 가치를 확보하는 데 주력하고 있다.

앞으로는 우리 기업도 그동안 선진국을 추격하는 과정에서 축적해왔던 기술력이나 제품개발 능력과 함께 콘셉트 창조력을 키워나가면서 신제품을 스스로 개발해 독창적인 위치와 고수익을 추구해야 한다. 이미 우리 산업의 경쟁력이 정점에 도달했고 신흥국의 추격도 강해지고 있어서 어느 정도 경쟁력을 유지하고 있는 상태에서 새로운 살 길을 모색해야 한다.

특히 우리의 주력 수출시장인 중국의 경제가 소비와 서비스업 중심의 성장구조로 전환하고 있는 이 시점에서는 최종 소비재 분야에서 혁신력을 높이는 것이 과제다. 최근 수출이 급신장하고 있는 OLED TV 등과 같이 우리 기업 스스로가 신제품 이노베이션을 주도하면서 이와 관련된 소재와 부품의 경쟁력을 한 단계 업그레이드하고 수출경쟁력을 강화할 필요가 있다. 신제품 이노베이션을 성공시키기 위해서는 기존의 강점을 시대의 변화나 기술의 트렌드에 맞게 발전시키고 신기술과 융합해나가면서 차별성을 갖추는 노력이 필요하다.

최근 우리 산업의 모습을 보면, 과거 각종 트렌드에 기민하게 대응했던 것과 비교해서 너무나 둔해진 측면이 있다. 드론이나 로봇, 사물인터넷, 태양광발전, 전기차 등 혁신제품의 보급과 인프라 확충 등에서 중국의 발 빠른 움직임에 비해 뒤처지는 모습이다. 국가 전체적으로 변화에 대한 감도를 높여야 할 때다.

5장

새로운 경제위기를 맞이하는 개인의 자세

위기의 순간, 가장 무서운 건 채무!

앞으로 우리나라는 경제의 성장세가 둔화되고 임금과 물가상승세가 정체될 것이다. 이럴 때 개인이 고성장, 고임금, 고물가라는 기존의 패러다임을 전제로 한 행동을 고수한다면 화를 자초할 수 있다. 인플레이션 시대에는 어떻게든 차입을 해 실물자산 등에 투자해두면 인플레이션으로 부채의 실질적인 부담이 줄어들고 실물자산 가치가 오를 것으로 기대할 수 있었다. 그러나 저물가 시대에는 일본의 과중채무자들처럼 임금소득 등에 비해 과도한 부채를 갖게 되면 저금리에도 불구하고 부채의 실질 부담이 커질 수 있다. 향후 임금과 고용의 불확실성이 커지는 가운데 개인이 차입을 할 때는 조기부터 계획적으로 상환해나가면서 신용 상태를 유지하는

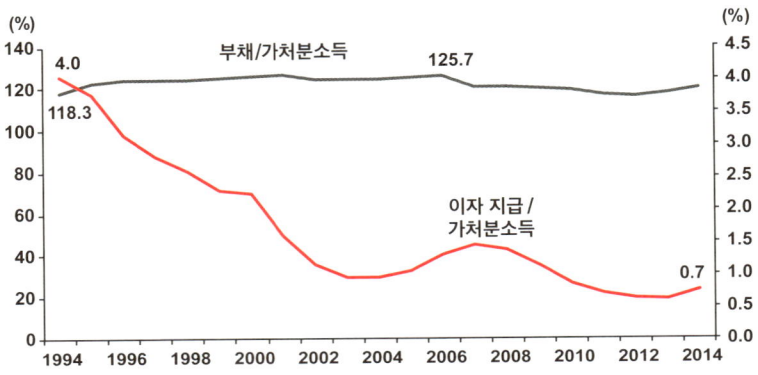

그림 42 가계의 채무 부담 추이

자료: 일본 내각부, 국민경제계산연보.

자세가 필요하다.

일본은 버블 붕괴와 장기불황 과정에서 가계 채무가 다소 늘어나긴 했으나 대체적으로 가계의 채무 부담이 감소했다. 그림 42에서 볼 수 있듯이 일본 가계 부채가 가처분소득에서 차지하는 비중은 1994년 이후 미미한 상승에 그쳤다. 그리고 이자 지급이 가처분소득에서 차지하는 비중은 1994년의 4.0%에서 2014년에는 0.7%로 오히려 떨어졌다. 일본 가계는 장기불황에도 불구하고 부채를 억제해 신용력을 유지, 금리가 전반적으로 낮아지는 효과를 철저하게 추구해 금리 부담을 줄였다.

이것이 가능했던 것은 1980년대 후반의 부동산 버블경제기에는 일본 가계의 대부분이 기업과 달리 부동산투기에 가담하지 않아 1990년대에 일본 기업이 겪은 극심한 부채 상환 부담과 가산금리 압력을 피했기 때문이다. 그리고 1990년대 말 이후 명목임금이 감소하는 어려움 속에서도 일본 가계는 부채를 늘리는 것을 피하면서 디플레이션에 대응하는 모습을 보였다.

물가가 정체하거나 하락할 때는 명목금액 기준으로 계약된 부채의 실질적인 부담이 커지고, 가처분소득이 줄어들며, 소비가 위축되고, 물가가 다시 하락 압력을 받는 부채 디플레이션의 악순환에 빠지기 쉽다. 하지만 일본 가계는 부채 규모를 늘리지 않고 이자 부담을 줄이는 데 집중했다. 물가 하락에 따른 부채의 실질 부담 증가 효과를 명목금리 하락으로 상쇄할 수 있는 신용력을 유지했던 결과다.

장기불황과 전반적인 물가 하락 속에서 일본 가계는 저가격 제품을 선호하고 가계소비 지출의 합리화와 절약에 노력했다. 일본 가계의 지출 구조조정은 일본의 각종 소비재기업에게는 가격경쟁의 만성화를 유발하는 어려움으로 작용했으며, 동시에 가격 대비 성능을 향상시킨 기업에게는 시장 입지를 강화할 수 있는 기회를 제공했다.

이처럼 평균적으로 일본의 가계들은 부채 문제를 잘 극복했지만 모든 가계가 다 그런 것은 아니었다. 개인 차원에서는 과다채무자가 되어 어려움을 겪었던 사례가 다수 발생한 것이다. 장기불황과 함께 비정규직이 많이 늘어난 가운데 저축을 하지 못하고 살다가 갑작스레 큰일이 생기는 바람에 급전을 쓰고, 그러다가 다중채무자가 되는 경우가 빈번했다.

일본 기업의 구조조정으로 인해 실직한 중년층과 고령층이 재취업에 어려움을 겪고 부채가 누적되기도 했으며, 도박에 빠지거나 고급 소비재를 선호하는 낭비 습관을 고치지 못하고 신용카드에 의존하면서 과다채무자로 전락하기도 했다. 저성장과 장기불황을 계기로 일본은 과거 고도성장기의 '1억 총중류'와 같은 균등한 사회를 유지하기가 어려워졌다. 남을 의식하지 않고 자신에게 맞는 소비와 저축의 균형을 추구하지 않는 가계들은 어려움에 직면할 수밖에 없었다. 예를 들면 대기업 정규직 고소득자의 경우에도 골프, 해외여행, 자녀교육 자금 부담 때문에 노후를 대비한 저축을 충분히 하지 못하고 노후 기간 중에 저축이 고갈되어 빈곤층이 되는 일이 나타났다.

고학력·고소득 근로자일수록 교육 기간이 길고 결혼과 출산이 늦어지는 경향은 우리나라가 일본보다도 심한 면이 있으며, 노후를 대비해야 할 40대 후반에서 50대에 자녀교육, 부모 간호, 노후 대비의 필요성이 동시에 발생해 자금 압박이 심해질 수 있다. 그럼에도 불구하고 학연, 지연, 각종 동호회 모임 등으로 지출이 많아지고 체면 때문에 과소비도 해야 하는 상황이 지속된다면 노후에 빈곤층으로 전락하는 것을 피하기 어려울 것이다. 노후에 가계 지출을 줄이는 것은 생각보다 어렵다. 고소득 근로자일수록 소비하는 습관이 굳은데다 연금 수령액은 현역 때의 소득 수준에 비례해서 나오지 않기에 어려움을 겪기가 쉽다.

저성장, 저물가, 저금리라는 새로운 경제 환경 속에서 결혼, 주택 구입, 자녀교육, 노후 등 생애의 각종 이벤트를 염두에 두고 필요한 경비와 예상 소득을 감안하면서 저축과 부채에 대한 계획을 세워야 한다. 그리고 가계의 재무계획과 실제 가계의 소득 및 지출 내역을 항상 대조하면서 계획을 수정하거나 생활 방식을 반성하고 고쳐나가는 자세도 필요하다. 저출산·인구고령화 시대에는 인생이 길어지는 만큼 예상하지 못한 불운이나 사고가 발생할 가능성이 높아진다는 점도 염두에 둬야 한다. 이러한 돌발 사태를 대비해 개인적으로 금전적 여유를 갖춰놓을 필요가 있다.

빠른 결혼이
해답일 수도 있다

　저성장·인구고령화 시대를 극복하기 위해 일찍이 가정을 이루고 가족공동체로서 활발한 경제사회 활동을 하며 파트너와 함께 가계를 발전시키는 자세와 노력이 중요해지고 있다. 성장세 하락에 따른 평생소득에 대한 불확실성 증가, 고령화에 따른 각종 질병이나 사고의 리스크 확대 등에 대응하기 위해 연금 등 사회보장에만 전적으로 의존하는 것은 일본의 경우처럼 국가재정에 큰 부담을 줌으로써 결국에는 국가 전체적인 노후 불안을 야기할 수 있다.

　일본인들은 소득이 정체되고 생활이 어려워지자 결혼을 미루거나 기피하게 됐다. 이러한 풍조가 퍼진 결과, 평생 독신가구가 늘어났으며, 이들은 향후 국가재정 불안으로 인해 그 이전 세대에 비해 충분한 노후 생활을 보장받지 못할 가능성이 높다. 생활이 어렵기 때문에 결혼도 출산도 기피하고 오로지 저축이나 사회보장에만 의존하겠다는 것은 나름대로 일리가 있는 개인적인 방어책이지만 이른바 '3포식' 개인전략은 결국 국가재정 불안과 함께 노후의 고독과 가난을 야기한다.

일본에는 평생 독신으로 지내다가 50대, 60대가 된 이들이 많다. 이들은 자녀도 파트너도 없고 부모마저 사망해 아파도 돌봐줄 사람이 없다. 그러다 보니 회사 근무가 어려워져 구조조정 대상 우선순위가 되는 경우가 허다하다. 50대 독신 고령자가 구조조정을 당해 질병도 제대로 치료하지 못하고 가난에 시달리기도 한다. 또한 독신 고령층의 고독사가 크게 늘어나면서 사회문제가 됐다.

이러한 개인의 몰락에 경각심을 주기 위해 일본에서는 결혼하지 못한 30~40대 독신자를 가리켜 '마케이누(負け犬, 싸움에서 진 개)'라고 비하하는 말까지 등장했다. 사카이 준코의 에세이 『마케이누의 절규(負け犬の遠吠え, 한국어판 제목은 "결혼의 재발견")』에서 비롯된 말로, 이는 2004년 유행어로서 크게 주목받았다. 이들의 경우 상당수가 부모와 함께 살면서 회사에 다니고 '독신귀족'으로서 소비생활을 즐기다가 결혼 적기를 놓치고, 40~50대가 되어서는 부모의 사망으로 점차 생활이 어려워지는 사례도 나오고 있다. 이들은 빈곤층으로 추락해도 고급을 선호하는 소비 습관을 버리지 못해 생활

보호를 받으면서도 정부보조금이 나오면 곧바로 사치품을 충동구매하기도 한다. 또한 부모가 사망해도 사망신고를 하지 않고 불법으로 부모의 연금을 계속해서 수령하는 사건까지 발생하고 있다.

반대로 일찍 결혼해 가정을 이룬 지방공무원이나 중소기업 직원 부부의 사례를 살펴보자. 이들은 소득 수준이 대기업 직원에 비해 훨씬 떨어지지만 절제된 소비 습관을 유지하고 자녀교육비 지출을 줄이면서 반 강제적으로 월급을 꾸준히 저축해 노후를 잘 대비하고 있다. 오랫동안 맞벌이를 했기에 부인 명의의 연금도 나와 노후 가정생활에 큰 보탬이 된다.

일본의 장기불황 경험으로 보면, 노후도 고려하면서 과다채무자로서의 추락을 막으려면 늦은 결혼을 피하고 다소 어렵더라도 젊을 때 파트너와 함께 가정을 꾸려나가는 것이 좋다. 그러면서 절제된 소비 습관을 키우고, 꾸준히 저축하며 차입을 자제하고, 과도한 취미 생활이나 인간 관계를 지양하고, 자녀교육에 과도한 투자를 하지 않고, 건강 증진을 위한 규칙적인 운동도 게을리하지 않는 게 중요하다. 젊을 때부터 맞벌이로 지출을 아끼면서 인생의 파트너로서 가정경제를 발전시키고 있는 부부들은 자녀교육비에 대한 낭비를 피하고 가족 간의 대화나 화목을 강조하면서 자녀를 인간적으로 성장시키는 데 힘을 기울이고 있다.

초혼 연령이 늦어지는 데는 갖가지 요인이 있지만 일본의 경우 대체적으로 좋은 직장을 다니는 고학력 여성이나 직장이 불안한 고학력 남성의 결혼이 늦어지는 반면, 좋은 직장에 다니는 저학력 혹은 고학력 남성은 상대적으로 결혼이 빠른 편이다. 저출산 및 인구고령화와 함께 우리나라에서도 여성의 사회 진출 필요성이 높아지고 고위직에 오르는 여성도 많아질 것으로 예상되지만 좋은 직장을 다니는 여성이 일정 연령을 넘으면 학력과 직업 면에서 자신보다 못한 파트너를 만날 수밖에 없는 경제 환경이 조성되고 있다. 정리하자면 남성이 많이 벌고 여성이 가사노동을 주로 부담하는 기존 가족 형태뿐만 아니라 여성이 많이 벌고 남성이 주부가 되는 등 다양한 형태의 새로운 가족관을 수용하면서 일찍 파트너를 구하고 가정경제를 발전시키는 것이 '마케이누'를 피하는 길이다.

금융자산과 실물자산의 균형을 맞춰라

　저성장·저금리 시대임에도 불구하고 과거처럼 예금이나 부동산에만 투자하겠다는 가계전략은 앞으로 큰 수정을 거쳐야 할 것이다. 저금리 예금자산은 장기적으로 가치가 하락할 수 있으며, 고금리 운영이 어려워지는 보험자산의 리스크도 커질 수 있다. 부동산의 대세 상승도 기대할 수 없을 것이며, 부동산 자체의 부가가치에 주목하면서 지역적인 특성을 감안해 부가가치를 높이는 노력이 중요해질 것이다.

　저성장에 대응한 가계의 투자전략에 관해서는, 일본의 가계들이 어떻게 자산을 쌓아나갔는지를 참고할 수 있다. 앞서 정리한 것처럼 일본 경제의 장기불황은 1990년대 초 자산시장 버블의 붕괴로

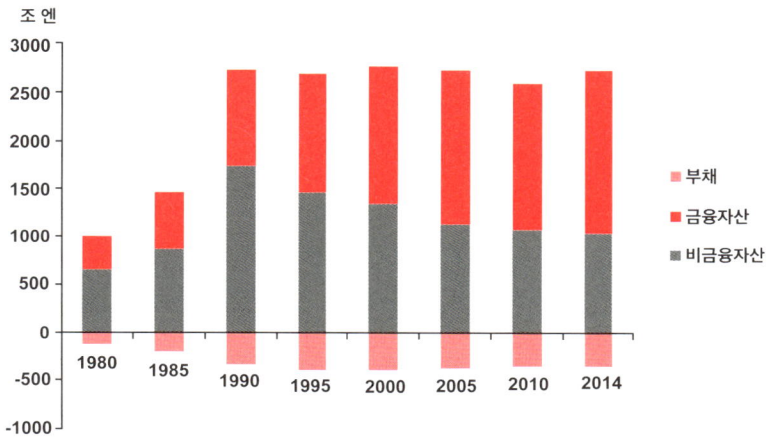

그림 43 일본 가계의 자산 및 부채 추이

자료: 일본 내각부, 국민경제계산연보.

촉발됐다. 특히 부동산 불패 신화가 무너지면서 일본인들의 자산 포트폴리오도 크게 영향을 받았다. 그림 43과 같이 일본 가계자산에서 부동산에 해당하는 비금융자산이 줄어든 대신 금융자산 비중은 늘어났다.

2000년 일본 가계의 비금융자산 비중은 46.8%로 미국 31.6%, 영국 41.3%보다 높은 수준이었다. 그러나 2012년에는 39.9%로 여전히 미국(29.3%)보다는 높았으나 영국(50.4%)보다는 낮아졌다. 특별히 비금융자산에 치중돼 있다고 보기 어려워진 것이다.

장기불황기에 일본 가계는 부채를 최대한 억제하면서 부동산가격의 하락을 만회하다 금융자산을 늘리면서 총자산 규모를 유지했다고 볼 수 있다. 1990년과 2014년을 비교하면 일본 가계의 비금융자산은 711조 엔 감소했지만, 금융자산이 701조 엔 늘어나고 부채를 35조 엔 줄이면서 순자산은 44조 엔 감소한 2,359조 엔, 총자산은 9조 엔 감소한 2,727조 엔을 기록했다.

금융자산의 구성 측면에서는 일본적 특징이 여전히 남아 있기는 하다. 일본 가계는 버블 붕괴 전부터 다른 금융자산보다는 예금에 치중하는 보수적인 모습을 보였다. 여기에 버블 붕괴의 충격까지 더해져 예금과 적금을 중시하는 기조는 더 강해졌다. 영미권과 비교할 때 일본인들의 안전자산 선호 경향은 뚜렷하다. 일본 은행들이 매우 낮은 예금이자를 지급하고 있음에도 불구하고 보수적인 자산운용이 계속되고 있다.

이 같은 안전자산 선호 경향은 물가가 하락하고 실질금리(명목금리-물가상승률)가 일정 수준을 유지하는 디플레이션 상황에서는 어느 정도 합리성을 가졌다. 장기불황 초기의 금융부실, 일본 대기업의 구조조정 속에서 일본 가계들이 리스크를 피하면서 예금을 축적한 전략이 유리한 면도 있었다. (고령 부유층은 물가가 하락하는 가운데 예금자산의 가치가 높아져 장기불황기에 어려워진 자녀 세대와 같이 여행할 때 경비를 내주기도 한다.)

그러나 예금 선호 경향은 자산 이익을 활용해서 임금 정체를 보

표 4 주요국 가계자산 구성 비교

	한국	미국	일본	영국	호주
비 금융자산	75.1	29.3	39.9	50.4	60.4
금융자산	24.9	70.7	60.1	49.6	39.6

기준 시점: 한국(2012년), 미국(2013년), 일본(2012년), 영국(2012년), 호주(2013년 2Q).
자료: 한국은행. '2014 주요국 가계 금융자산 비교'

완하거나 노후를 준비하는 데는 큰 장애가 되어 일본 가계 경제에는 부정적으로 작용했다. 게다가 일본의 실질금리는 2013년 이후 계속 마이너스를 기록하고 있어서 예금자산의 실질적인 가치가 해마다 감소하고 있다. 그럼에도 불구하고 일본 가계가 계속 예금을 선호하는 것은 일본 국채시장의 불안을 완화시키는 효과가 있으나 가계 입장에서는 불리한 면이 강하다.

한편, 우리나라 가계의 자산 포트폴리오는 버블 붕괴 전 일본처럼 금융자산보다는 부동산이 더 큰 비중을 차지하고 있으며 그 정도는 오히려 더 심하다. 2012년 현재 전체 자산의 무려 75.1%를 부동산이 차지하고 있을 정도다. 일본처럼 심각한 부동산시장 몰락을 겪지 않아 여전히 부동산을 장기 보유자산으로 선호하는 경향이 남아 있는 데다 독특한 전세제도로 인해 무주택 가구도 전세보증금이라는 비금융자산을 보유하고 있는 것이 이 같은 상황을 만든 것으로 보인다.

따라서 우리 가계는 부동산시장에 민감할 수밖에 없다. 앞으로 부동산가격의 뚜렷한 상승이 나타나기 어렵다는 점을 고려하면 부동산자산의 유동화라는 과제가 우리 앞에 놓여 있다. 100세 시대를 맞아 임대 수입을 추구하거나 부동산자산을 처분해 금융자산으로 전환하는 방법이 있다. 은퇴 후 소득 부족으로 고민하는 고령 가구는 주택이나 전세보증금을 담보로 한 연금(역모기지) 가입도 고려해볼 수 있다. 최근 정부도 부동산자산의 유동화에 관심을 가지고 정책들을 내놓고 있으니 주의를 기울일 필요가 있다.

가계도 리스크 머니를 활용해야 한다

일본처럼 금리가 낮은 예금에 가계자산이 집중되고 은행이 정부국채를 매입해 저금리를 뒷받침하는 저수익형 구조는 피할 필요가 있다. 저성장과 함께 일본 기업의 차입이 감소하고 자금 수요가 줄고 가계도 부채를 억제하는 가운데, 일본에서는 수요를 창출하기 위해 정부가 재정적자를 내고 결과적으로 가계와 기업의 여유 자금이 정부재정을 뒷받침하는 균형을 이루었다. 이 과정에서 정부사업의 수익률이나 경제성장 촉진 효과가 낮았기 때문에 가계의 자산수익은

낮을 수밖에 없었다.

저성장 시대에 가계에서 은행, 그리고 정부로 흘러가는 자금 이동 과정에서 일본의 국부 창출은 부진할 수밖에 없었다. 가계의 자산은 정부의 부채로 상쇄됐고, 이러한 자금 이동 과정은 경제성장을 촉진하고 새로운 자산을 창출하는 효과도 적었다.

저성장 시대에는 저축의 일정 부분이 고성장하는 해외의 유망한 프로젝트 혹은 그 프로젝트에 참여하는 한국 기업에 투자되거나 국내에서 창출되는 신규 유망 산업에 투자가 이루어져야 가계의 금융자산도 장기적으로 늘어나고 국가 전체적인 자산도 늘어나는 선순환을 이룰 수 있다. 일본의 경우처럼 가계가 무조건 리스크 회피에만 나선다면 경제 전체가 위축되고 새로운 이노베이션을 위한 시도, 벤처기업의 육성, 기존 산업의 첨단화 등을 뒷받침하기 어려워져 결국 가계의 소득과 자산이 위축되는 악순환이 생긴다.

저성장 시대에 대응하고 저성장의 심화를 극복하려면 가계의 자산 선택이 금융자산과 실물자산의 균형을 이루면서 리스크와 수익을 중장기적으로 고려하는 방향으로 강화될 필요가 있다. 일본 장기불황 과정에서 일본정부도 계속 강조해왔던 리스크를 일정 부분 부담하는 리스크 머니가 확대돼야 우리 기업의 다양한 혁신 시도를 뒷받침할 수 있으며, 결과적으로 가계자산도 늘어날 수 있다. 이를 위해 일본 정부도 소액 주식투자자를 위한 세액공제제도를 확충하면서 일본 전 국민의 건전한 주식투자 기반을 강화하고 있다. 우리 가계도 이러한 흐름을 이해하는 것이 중요하다.

물론 우리 기업이 과거에 비해 배당 등 주주 이익을 배려한 경영을 한층 강화하도록 하는 것도 중요하다. 개인 투자가로서는 리스크가 있는 기업의 이노베이션 투자를 꾸준히 중장기적으로 지원하는 투자

> 태도를 강화하는 동시에 그러한 투자가 성과를 보일 때는 경영진이나 종업원들 위주로 수익을 나누는 것이 아니라 투자가에게 먼저 과실을 배분해 개인 투자가들이 새로운 리스크 머니를 확대 공급할 수 있는 관행을 강화해야 한다. 이는 근로자의 임금 상승 한계를 의미할 수도 있으나, 근로자들도 주식시장의 투자가로서 기능하는 오너십형 시장경제 메커니즘이 확립되게 해줄 것이다. 개인 투자가에 의한 '주식투자 확대 → 리스크 머니의 원활한 공급 → 기업의 이노베이션 성과 → 주주에 대한 보답 및 가계 금융자산 확대 → 새로운 리스크 머니의 확대'에 이르는 선순환이 중요하다.
> 일본의 경우 장기불황을 거치면서 배당 성향의 확대 등 그동안 종업원을 중시했던 경영이 바뀌었지만 가계의 금융자산이 주식으로 분산되지 못함으로써 가계의 자산 부진, 소비의 정체로 이어지는 불균형이 나타나고 있다. 우리나라 가계는 이러한 폐해를 피해야 한다.

부동산 유동화와 함께 저성장 시대에 대응하면서 은퇴 이전에 금융자산의 비중을 높이는 노력이 중요해질 것이다. 젊을 때는 주택 마련에 주력하겠지만 일정 소득으로는 은퇴에 대비한 금융자산을 축적하면서 복리 효과를 장기간 추구할 수도 있다. 그리고 자녀 교육용 저축 등을 별도로 관리하는 한편 은퇴 이전에 수익형 부동산이나 각종 금융상품 등 수익을 창출할 수 있는 투자용 자산을 운영하면서 노후 생활에서 연금을 보완하는 소득원을 마련하는 등 생애주기별로 자산을 축적하고 운영하는 것의 중요성이 저성장과 함께 높아질 것이다.

　일본의 사례 등도 감안해서 보면 앞으로 저성장과 인구고령화로 인해 우리나라 가계자산에서 실물자산보다 금융자산의 비중이 확대될 것이며, 가계로서는 금융자산을 효율적으로 관리하면서 증식시키는 노력이 더욱 중요해질 것으로 보인다.

　장기불황에도 불구하고 은퇴할 때까지 자택과 함께 순금융자산 1억 엔 이상을 축적한 일본의 일반 샐러리맨들은 젊은 시절부터 꾸준히 자산관리에 매진해왔다는 특징이 있다(「닛케이머니」, 2012년 6월). 이들은 불황기라고 해서 무조건 안전자산에만 투자하지는 않았다. 예를 들어 44세의 사사키 준은 금융자산의 79%를 주식, 21%를 현금과 예금으로 운영하면서 44세에 가족 3명이 사는 자택과 함께 2억 4,000만 엔의 금융자산을 소유하고 있다. 놀랍게도 그의 연봉은 500~600만 엔에 불과하다. 사사키는 학생 시절부터 주식투자를 시작해 대형주 위주로 투자를 해왔다. 주가가 폭락하는 시점을 노리고 안정적인 대형주를 꾸준히 매입하고 그 후 주가가 반등해 일정 수익을 확보하면 매각하는 방법으로 수익을 쌓아왔던 것이다. 그는 주가 수준과 함께 주식시장에서 매매 거래의 과열 수준을 나타내는 신용배율 등을 참조하면서 우량 주식의 매매 타이밍을 잡고 있다.

　64세에 연봉 800~900만 엔, 4인 가족이 사는 자택과 함께 2억

1,000만 엔의 금융자산을 가진 고시가야 토모야는 데이터 관리라는 전문 기술을 활용해 두 번 이직하면서 고령임에도 현역으로 일하고 있다. 고시가야는 공격적인 투자보다 방어형 투자에 치중해 금융자산의 포트폴리오도 개인연금보험에 34%, 일본 주식 및 일본 주식투자신탁에 27%, 외국 주식투자신탁에 7%, 외국 채권 22%, 부동산투자신탁(REIT)에 7%, 금 3% 등으로 분산했다. 그는 장기불황이 오기 전에 고금리 예금 상품으로 자금을 꾸준히 축적한 다음에 투자신탁 상품에 분산투자하면서 안정 중시의 투자전략을 장기적으로 추진해왔다. 젊을 때부터 시작한 개인연금보험은 저금리가 된 이후에도 꾸준히 지속해 중장기적인 복리 효과가 나타났다.

일반 근로자 중에서도 노후 자금을 넉넉하게 축적한 일본인들은 젊은 시절부터 연금, 주식 등 장기적으로 성과가 나오는 금융자산에 투자하고 경험을 쌓았다. 일시적 투자 실패도 경험하면서 배우고 또 경제 동향이나 개별 기업의 재무회계 데이터도 자세하게 검토하는 등 지식을 쌓아나가면서 공격적이든 방어적이든 자신에게 맞는 투자 패턴을 닦아온 경우가 많았다. 50대 이후에는 지나친 리스크를 피해야 하지만 성공한 가계들은 저금리 아래서 무조건 예금에 투자하지 않고 주식에서 채권으로 시프트 하는 등의 방법으로 지속적으로 수익을 추구하고 있다. 그리고 60세, 65세 정년 이후에도 일정한 일자리를 갖거나 금융자산을 어느 정도 운영하면서 운영수익을 유지하고, 노후자금의 소진을 늦추려고 애쓰고 있다. 일본의 현명한 개인들은 진정한 노후를 70~75세 정도로 정하고, 60대를 반현역 개념으로 근로소득과 함께 금융수익을 추구하고 있다.

부동산투자는 차별화와
기획·관리 능력이 중요하다

 부동산투자의 경우도 과거와 같이 모든 지역에서 안정적으로 부동산가격이 상승하기가 어렵다는 점을 염두에 둬야 한다. 특정 지역의 특화된 부가가치를 남들이 모르는 사이에 발견해 부가가치를 높이는 기획 및 보수 관리 능력이 중요하다. 부동산도 다른 산업과 같이 높은 부가가치를 창조하기 위한 아이디어, 새로운 결합 및 이노베이션 능력이 중요한 셈이다. 샐러리맨 가계가 부동산 임대사업에 투자할 때도 이러한 차별적인 가치를 볼 수 있는 능력이나 노하우를 학습할 필요가 있다.

 일본은 부동산 버블 붕괴 이후 오랫동안 부동산가격이 침체됐기에 부동산투자에 어려움이 많았다. 부동산가격의 지속적인 하락으로 인해 부동산 전매로 수익을 창출할 수 있는 기회가 거의 없어졌고, 임대수익을 기대하는 수익성 부동산투자도 전문적인 지식이나 경험이 없는 개인으로서는 쉽지가 않았다. 인구 감소로 인해 임대수요의 확대도 크게 기대할 수 없었다. 일본은 건물의 수명이 짧고 오래된 건물을 기피하는 경향이 강하다는 어려움도 있었다.

다만 지역이나 부동산 형태, 그리고 시기에 따라서 상황에 차이가 있었던 것은 사실이다. 최근 일본 부동산가격이 회복세에 있지만 특히 도쿄 등 도심 지역의 고급 주택지나 상업지역, 관광지 등이 호조를 보이고 있다. 외국인들이 선호하는 대표적인 주택 지역인 도쿄의 아카사카는 부동산가격 상승세가 장기적으로 지속되고 있다. 아카사카에는 사무실과 상업시설이 밀집되어 있고 국회도 가깝다. 외국인들이 거주하기에도 편안한 환경이 조성되어 있다. 또한 대표적인 스키 리조트 지역인 북해도의 니세코는 호주인들에게 개발을 맡긴 리조트 사업이 성공을 거두고 아시아계 기업까지 진출하면서 지가 상승세가 두드러지고 있다. 오키나와도 대표적인 리조트 지역으로 개발되는 한편 장기 거주용 맨션, 아웃렛 등이 개발되면서 부동산 시장이 호조를 보이고 있다. 오키나와는 외국인 관광객을 연간 1,000만 명 유치하겠다는 전략 아래 유니버셜스튜디오 재팬이 테마파크의 건설을 검토하고 있다. 또한 고궁이 많고 외국인 관광객이 많이 찾는 교토의 부동산가격도 상승세에 있다.

중국인 등 아시아 관광객들이 도쿄에 방문하면 자주 찾는 대표적인 상업지역인 긴자도 부동산가격이 크게 상승하고 있다. 해외 유명 브랜드점이 즐비한 이 지역은 아시아 소비시장의 관문 역할도 하고 있어서 애플이 진출하는 등 외자계 기업들이 선호하고 있다.

이러한 일본의 상황을 고려하면 우리나라에서도 글로벌시장으로서의 입지 여건을 갖춘 지역은 한국 경제의 저성장이나 인구 감소 압력에도 불구하고 부동산 경기가 위축되지 않을 수도 있다. 글로벌시장과 연계되어 외화를 벌 수 있는 지역의 부동산 경기는 국내경기보다 글로벌 부동산끼리 형성되는 가격 수준과 경기 사이클의 영향을 받을 수 있을 것이다. 글로벌 쇼핑 지역인 서울의 명동이나 세계자연유산을 가진 우리나라의 대표 관광지 제주도 등이 대표적인 사례다.

한편 일본 장기불황기에는 샐러리맨들에 의한 원룸 맨션 투자도 어려움이 많았으나 전문 지식을 가지고서 지역의 특성을 고려한 신중한 투자를 한 사람들은 어느 정도 성과를 거두고 있다. 반면, 중고 맨션의 매입가격과 금리를 비교해서 수익성을 계산, 투자 이점이나 기회를 노리는 식의 단순한 투자전략은 대부분 실패했다. 부동산투자로 성공하려면 주변 임대시장의 상황을 고려해 입지와 타깃 고객층을 잘 선정하고, 보수 관리, 리폼, 리모델링 등에 드는 비용을 절감하면서도 효과성을 높일 수 있는 노하우가 필요하다.

어떤 투자자는 주말에 가족과 함께 임대용 맨션을 청소하거나 보수하는 식으로 관련 비용을 절감하고 있다. 부동산 임대사업으로 성공한 샐러리맨들은 도쿄 등 도시지역의 전철역에서 10분 거리에 있는 교통이 편리한 입지의 원룸 맨션에 투자해 임대사업자로서의 노하우를 쌓은 경우가 많다. 그리고 거래 은행과 좋은 관계를 유지해 신용도를 높여서 점차 관리하는 맨션을 늘리고 있다. 3채 정도의 맨션을 임대하면 때때로 발생하는 빈집 리스크에도 불구하고 어느 한 집은 항상 임대수익을 올리기 때문에 안정적으로 각종 관리비와 운영비를 충당할 수 있다.

평범한 샐러리맨 이시카와의 경우(「PRESIDENT」, 2013년 5월 13일) 자신의 거주 지역에 있는 970만 엔짜리 원룸 아파트를 자체 자금으로 구입해 임대사업을 개시했다. 임대사업을 하면서 돈의 흐름이나 세제 등을 공부했다. 건물의 감가상각비는 경비로서 처리할 수 있고, 투자수익이 적자라면 월급 소득에서 공제할 수 있다는 것도 배웠다. 이시카와는 노하우를 쌓으면서 임대소득을 소비하지 않고 800만 엔을 모은 다음, 4,000만 엔의 융자를 받고 원룸이 8개 있는 아파트(건축된 지 27년 된 목조 건물)를 구입했다. 융자를 받기가 쉽지 않았으나 샐러리맨으로서 안정적 수입이 있다는 이점과 그간의 부동산 임대사업 실적을 평가받고 20년 상환의 변동금리(2013년 당시 3.5%)로 차입을 할 수가 있었다. 연간 480만 엔의 임대수익에서 276만 엔의 원리금 상환, 공실 부담과 각종 경비 30만 엔 등을 빼도 174만 엔의 수입을 올릴 수 있다. 이시카와는 차입을 다 갚은 후에 대규모 리모델링을 하거나 재건축해 지역의 특성에 맞는 형태로 부동산의 부가가치를 높일 계획이다.

한편 부동산 임대투자에 실패한 사례도 많다. 부동산개발업자의 홍보만을 믿고 유동인구가 적고 교통이 불편한 지역의 부동산에 투자한 케이스다. 이러한 부동산은 초기 1~2년은 임대관리회사가 임대수익을 보장한 후 계약갱신 시점에서 임대료를 대폭 낮추어 손해를 볼 수밖에 없는 경우가 많다. 또한 리폼이나 수선비 부담이 큰 부동산을 매입해서 예상 수익률이 나오지 않는 일도 있다.

우리나라는 아직 일본만큼 임대사업자가 성장하지 못하고 있고, 투자자가 스스로 관리와 운영에 신경을 써야 하는 일이 많다. 따라서 임대투자로 성공하려면 입지 및 건물 내구성 평가 능력, 부동산 임대와 관리 노하우의 축적 등에 노력을 기울여야 할 것이다.

전문성을 가지고 트렌드 변화에 유연하게 대처하라

앞으로 우리 경제의 저성장과 성숙화가 진행되면, 기존 산업은 도태되지 않기 위해 변화해야만 한다. 글로벌한 이노베이션의 가속화와 함께 신규 산업을 위한 경쟁도 한층 치열해질 것이다. 이에 따라 축소되거나 사라지는 직업이 많아지는 한편, 새로운 직업도 많이 등장할 것이다. 앞으로 태어날 세대들이 가질 직업의 대부분은 아직 존재하지 않는 미지의 직업일 수도 있다.

개인으로서는 이러한 트렌드에 맞추어 새로운 분야에서의 전문성 확보에 주력하는 유연성이 중요하다. '일단 대학에 가자'는 식의 획일적인 교육으로는 취업 능력을 갖춘 인재로 성장하기가 더욱 어려워질 것이다. 트렌드 변화에 유연하게 대처하는 능력과 함께 소프트웨어 엔지니어링, 문화·콘텐츠 창조력, 콘셉트 및 설계 창조력 등 커리어에 맞는 기초적인 전문성을 갖추어나가야 한다.

일본의 경우를 보면 전문성이 떨어지는 종합사무직, 판매점 점원 등의 직업 수요가 극심하게 감소했다. 이와 반대로 소프트웨어 기술자, 의료 복지·간호 종사자 등은 늘어났다. 빅 데이터의 대중화와 함께 데이터 사이언티스트, 통계 전문가 등이 늘었으며, 20년 전에는 상상도 못했던 모바일앱 및 모바일게임 개발자 등도 급성장했다. 각종 서비스업에서의 O2O 마케팅 확산과 함께 디지털마케팅 전문가 등도 유망 직종으로 떠오르고 있다.

인구고령화로 인해 개인이 일하는 기간이 길어질 수밖에 없을 것이며, 70대에도 어느 정도 현역으로 일할 것을 전제로 자신의 능력개발을 꾸준히 해나갈 필요가 있다. IT혁명이 기존의 유통업뿐만 아니라 제조업 등으로 확산되는 등 기술혁신의 여파로 기업의 수명은 한 개인의 현역 기간보다 짧을 수 있다.

능력개발에 있어서는 회사 조직의 보호막이 없는 개인 차원에서도 시장에서 평가받을 수 있을 것인지를 항상 고려하면서 일해야 한다. 전문성을 발전시키는 한편 시대의 변화에 따라 불필요해진 지식을 항상 새로운 지식으로 바꿔나가면서 시대에 뒤떨어지지 않는 평생학습의 누적 효과를 추구해야 할 것이다. 기업의 전략적 대응처럼 버려야 할 지식이나 사고의 틀, 버리지 말고 지속적으로 발전시킬 지식, 새롭게 학습해야 할 지식을 염두에 두면서 일하고 학습하는 습관을 강화해야 한다.

미래의 인재상에 대비하라

　앞으로는 성장세의 둔화로 인해 높은 임금상승률을 기대하기가 어렵고 오히려 임금 감소가 흔한 일이 될 수 있다. 일본의 장기불황기에는 연공서열이 와해되고 구조조정과 함께 임금 수준이 크게 떨어지는 경우가 다반사였다. 노조가 아무리 임금피크제에 반대하더라도 시류에 적응하지 못한 기업은 시장의 보다 강력하고 냉혹한 구조조정 압력으로 인해 오히려 임금이 더 하락하는 사태가 발생할 수도 있다. 일본의 대기업이나 은행 정규직도 성과급제 도입과 전반적인 임금 동결로 인해 10~20년간 정상임금 수준으로 올라가지 못한 사례가 많았다.

　장기 저성장기에는 기업뿐만 아니라 근로자들에게도 과거와 같은 행동 방식과 근로문화를 유지한다면 도태되거나 계속 뒤처질 수 있기 때문에 혁신이 필요하게 된다.

일본 최대의 인재 채용·전직 지원 서비스 회사인 리크루트에서 부장을 지낸 후지하라 가즈히로는 근로자의 70%가 과장이 될 수 있었던 과거와는 달리 이제는 70%의 인재는 과장으로 승진하지 못하는 시대가 됐으며, 직장인들은 새롭게 요구되는 인재상의 변화에 대응해야 한다고 강조한다(「IT Media」, 2015년 10월 30일).

고성장 시대에는 학교에서 배운 정보처리 능력을 동원해 정답을 찾는 식으로 문제 해결에 임하면 됐지만 저성장·성숙경제 시대가 되면서 스스로 문제를 발견해 다양한 정보 속에서 많은 사람을 설득할 수 있는 해답을 만들어나가는 정보편집 능력이 중요해졌다. 예를 들면 "타이어 원료의 생산지는 어딘가?" 따위의 질문에 대답하는 식의 정보처리 능력 가치는 로봇과 인공지능의 발전으로 계속해서 떨어질 것이다. 반면 저성장의 한계를 돌파하기 위해서는 세상에 없었던 타이어에 관한 아이디어를 생각해내는 일이 중요해진다. 스피드에 따라 형태가 달라지는 형상기억 타이어, 플라스틱 타이어 등을 만들면 어떨까 하는 식으로 복수의 가능한 미래에 대해 능동적으로 의미를 찾고 사람들을 설득할 수 있는 능력이 중요하다.

성숙해진 우리 경제와 산업의 미래는 한 가지 정해진 해답처럼 있는 것이 아니라 능동적인 노력이나 아이디어에 따라서 달라질 수 있는 가변성을 가지고 있다. 선진화된 우리 산업이나 기업도 과거처럼 선진기업의 모범 답안지를 모방하는 것이 아니라 선진기업과 경쟁하면서 복수의 가능한 미래에 대한 비전을 가지고 서로 아이디어 경쟁을 벌이는 과정에서 성장할 수 있다.

　남들과 다른 창조적인 아이디어, 남들이 보지 못한 미래에 대한 통찰력이 우수한 인재로서는 소프트뱅크의 손정의 회장과 유니클로의 야나이 다다시 회장 등이 유명하지만 이들은 특별한 천재들이다. 일반 직장인들이 새로운 시대에 적응하려면 일단 자신이 가진 능력의 희소성, 차별성을 지속적으로 강화하면서 남들과 차별화된 아이디어를 만들어낼 수 있는 잠재력을 키워야 한다. 예를 들면 택시 운전사가 올림픽 금메달리스트와 같은 100만 명의 1명 정도의 희소성을 갖기는 어렵겠지만 자기 고장의 역사나 지리를 영어로 잘 설명하면서 외국인을 안내할 수 있다면 희소성을 높일 수 있다.

　일반 근로자들도 자신의 업무에서 100명 중의 1명 정도의 희소성을 가질 정도의 전문성을 키우고, 또한 그 주변 분야에서도 똑같이 100명 중의 1명 정도의 희소성을 키워나간다면 대단한 경쟁력을 가질 수 있다. 100×100×100은 100만이기 때문에 세 가지 분야만 연결해도 올림픽 금메달리스트급 인재가 되는 것이다. 기업이 자사의 강점 기술을 주변 분야로 확장하는 기술융합식 경영으로 독보적인 지위를 구축할 수 있는 것과 같이 자신의 전문성을 지속적으로 발전시키고 또 주변 분야로 확장하는 곱하기의 노력을 기울인다면 세계적으로도 압도적인 경쟁력을 가질 수가 있다.

 이를 위해서는 전문 분야뿐만 아니라 다양한 분야의 독서를 통해 평소부터 교양과 사회 트렌드에 대한 풍부한 지식과 감성을 키워나갈 필요가 있다. 일본뿐만 아니라 세계 각국의 성공한 비즈니스맨들 중에서 독서를 게을리하는 사람은 거의 없다. 일본과 비교해서 유난히 독서량이 적은 한국의 직장인들은 앞으로의 저성장 시대에 대응할 수 있는 기초 습관을 길러나가는 것이 첫 번째 과제다. 한 권의 책이 나오기까지 저자는 수많은 자료를 조사하고 많은 사색의 시간을 쏟아붓는다. 가장 쉬운 능동적 사유 행위인 독서는 수동적으로 정보를 제공받아야 하는 각종 미디어와 차이가 있다. 단편적인 정보나 어느 한쪽에 쏠리기 쉬운 주장, 판단에만 의존하지 않고 다양한 시각과 자신만의 통찰력을 키우려면 독서 습관이 필수적이다.

 최근에 두각을 나타내고 있는 일본 비즈니스계의 젊은 리더들 중에는 다른 엘리트들과 차별점을 가진 이들이 있다. 2014년 29세의 나이로 직원 1,600명 규모의 인터넷광고·게임 회사인 사이버에이전트의 집행임원으로 발탁된 요코야마 유카는 여성이면서 '나의 호스트', '걸프렌드' 등 남성들이 선호하는 모바일게임을 성공시켜 프로듀서로서의 능력을 인정받은 인재다. 그녀는 원래 게임에 관심이 없었으나 사이버에이전트에 입사하기 이전부터 '세계관을 만드는 일을 하고 싶다'는 독특한 생각을 가지고 있었다. 자신의 생각을 널리 퍼트리기보다는 시대의 트렌드에 맞는 세계관을 사람들과 협력하면서 만들어 실현시키고 싶다는 생각을 가지고 있었기에 그 열정을 게임에 적용해서 성공할 수 있었다고 한다. 또한 그녀는 학생 시절부터 영화, 드라마 등의 엔터테인먼트에 관심이 많았으며 모바일 소설이나 만화 등도 다양하게 접하면서 오락성, 즉 '재미있는 것'을 평가하는 감각을 키워왔다. 그녀는 양질의 콘텐츠를 찾아내는 감각을 발전시켜 잘 모르는 게임 분야에서 성공했다. 게임 전문가의 이야기를 경청하고, 디자인이나 성우의 선택 등은 스태프에게 맡기면서 말이다. 끝까지 '재미있는 것'을 아는 자신의 감각을 축으로 삼아 게임 프로젝트를 추진하고 잘 모르는 것은 팀원들의 도움을 받은 덕분에 팀의 성공을 이끌 수 있었다고 한다.

2015년 일본 하네다공항에서 혼다제트(Honda Jet)의 테스트 비행에 성공해 수주 및 판매를 개시한 혼다에어크래프트컴퍼니의 후지노 미치마사 사장은 30년 가까이 오로지 항공기개발에만 몰두한 인물로서 주목을 받고 있다. 혼다제트는 주 날개 위에 엔진 2개를

그림 44 혼다제트의 독특한 구조

자료: 혼다 홈페이지.

탑재해 실내 공간을 넓히는 등 기존 상식을 벗어나는 아이디어를 실현하느라 30년이나 걸린 독창적인 비행기다. 혼다제트는 미국연방항공국(FAA)으로부터 비행 허가를 받았는데, 보통 비행기는 기존 제품을 개량하는 경우가 대부분이기 때문에 미국연방항공국도 상식을 초월한 비행기의 평가가 극히 드문 일이었다고 한다.

후지노 사장은 원래 대학에서 항공학과를 졸업했으나 일본계 항공사에 취직하면 부품밖에 만들지 못하기 때문에 '자신이 전체 콘셉트를 짜고 제품을 양산하는 일'을 하고 싶어서 1984년 혼다자동차(혼다기연공업)에 입사했다. 소형 스포츠카를 만들겠다는 포부가 있었으나 1986년에 갑자기 혼다가 비행기개발에 나서면서 항공기

개발 업무를 맡았다. 후지노는 곧바로 미국 현장에 가서 실습을 했다. 처음에는 항공기 근처에도 가지 못하고 1년 정도 금속을 깎는 일만 했다. 또한 비행기 실험에 동석해 몸을 혹사하면서 데이터를 기재해 몸으로 비행기 고도를 체감하거나 부품을 보기만 해도 무게를 알 수 있는 경지에 올랐다. 그리고 오랜 개발 과정에서 엔진, 기체, 각종 부품 등 비행기의 모든 분야에 관한 지식과 경험을 쌓는 한편, 세계 각국의 역대 비행기개발 프로젝트에 관해서 방대한 지식을 축적해나갔다. 이러한 경험이 쌓이자 후지노는 누구보다도 비행기를 전체적으로 조망하고 개발할 수 있는 능력을 갖추었다. 일본 기업에서도 후지노만큼 자사 제품과 관련된 모든 분야에 디테일하게 전문성을 가진 인재가 드물다.

그러나 비행기개발 과정에서 후지노는 이전의 전문 지식을 잊어버리기로 하고 제로베이스에서 콘셉트를 잡는 데 애썼다. 그는 비상식적인 구조의 비행기개발에 매진했다. 이 과정에서 대학 시절에 배운 공기역학에 관한 원리를 다시 고민하면서 기체의 구조로 공기 흐름이 기체에 유리하게 작용하도록 만드는 데 주력했다. 30년 가까이 매출이 나오지 않는 신사업에 매달리는 과정에서 프로젝트 중단 압력, 정부 승인의 어려움 등 갖가지 난관이 거듭됐지만 후지노는 기초부터 철저하게 고민해 독자적인 아이디어를 뒷받침했기 때문에 자신 있게 회사, 협력사, 각국 정부 등을 설득할 수 있었다.

제2의 인생과
일을 준비하라

일본 여행지를 돌아다니다 보면 고령자들이 단체 관광을 하고 있는 모습을 흔히 볼 수 있다. 고령자 빈곤이 사회문제가 되는 우리와 비교하면 일본 고령자들은 여유롭고 행복해 보인다. 직장인들을 대상으로 한 후생연금이라는 제도가 제2차 세계대전 패전 이전부터 도입됐고, 자영업자까지 공적연금에 포괄한 국민연금제도도 1959년부터 시행됐기 때문에 일본 연금의 역사는 우리보다 훨씬 길며 연금을 받는 사람들의 수와 그 액수도 비교하기 어렵다. 하지만 일본도 구미 국가들과 비교하면 고령자의 빈곤율이 높은 편이다.

평균수명이 늘어나고 저성장과 인구고령화에 따른 재정 압박으로 노인복지 지출에 개혁의 칼날이 향하면서 일본에서도 노년 생활에 대한 불안은 적지 않다. 노후에 자금이 바닥을 드러내는 상황을 묘사하는 '노후파산', '노후난민'이라는 개념이 사회적으로 화제가 될 정도다. 「일본경제신문」은 노후난민 체크리스트로 다음과 같은 열 가지 질문을 제시했다. 8개 이상이면 '퇴직 해피그룹'이 될 가능성이 높고, 5~7개면 조금 불안하므로 노후계획을 다시 세워야 하는 상황이고, 5개 미만이면 '노후난민 예비군'이라는 것이다.

표 5 노후난민 체크리스트

1. 공적연금 수급액을 파악하고 있다.
2. 회사 밖에 신뢰할 수 있는 사람들이 있다.
3. 일생 동안 열중하고 싶은 일이 있다.
4. 빌린 주택대출의 금리를 파악하고 있다.
5. 정년퇴직하기 전까지 주택대출의 상환이 끝난다.
6. 자녀교육비 총액을 파악하고 자금 전망이 서 있다.
7. 보너스로 채우지 않더라도 매월의 가계는 흑자다.
8. 정년을 맞기 10년 이상 전부터 노후자금계획을 세우고 있다.
9. 정년 후 생활에 관해서 가족과 자주 이야기한다.
10. 노후에 어떻게 사회에 공헌할 것인지 구체적 이미지가 있다.

자료: 「일본경제신문」 전자판, 2013.01.09.

노후난민이 되지 않고 노년을 윤택하게 보내는 방법 중 하나는 정년 후에도 일하는 것이다. 일본에서는 이른바 '평생현역'이라는 개념이 일찍부터 주목을 받고 있다. 일본의 일하는 고령자 비중은 다른 선진국보다 높은 편이다. 노후 소득이 부족한 탓도 있지만 일하는 것을 의미 있다고 여기는 사회 분위기도 크게 작용하고 있다. 고령자의 노동 의욕이 그만큼 높은 것이다.

초고령사회 일본에서는 일하는 노인들과 곳곳에서 마주칠 수 있다. 특히 우리나라에서는 젊은이들의 일로 인식되는 슈퍼나 마트의 카트 정리 작업을 고령 남성이 하고 있는 모습은 매우 낯설게 다가온다. 여전히 나이 어린 상사나 나이 많은 하급 직원들을 부담스러워 하는 우리 현실과는 많이 다르다.

일본에서는 2000년도에 연금재정의 지속을 위해 공적연금의 수급 개시 시기를 60세에서 65세로 단계적으로 늦추는 연금개혁을 실시했으나 이를 다시 70세로 늦추는 정책을 모색 중이다. 또한 정년 후에도 일을 하고자 하는 고령자들을 특별한 결격 사유가 없는 한 회사가 임금 등을 낮추면서 재고용하도록 의무화하는 법안이 통과돼 단계적으로 시행되고 있다. 고령자들이 노동을 해야 할 필요가 그만큼 늘어났고 '평생현역 시대'에 맞춰 사는 것이 노후 준비의 한 과제로 떠오른 것이다.

고령자 노동문제를 주로 연구해온 게이오대학교의 세이케 아츠시 교수는 두 가지를 지적한다. 첫째, 대기업보다 중소기업에서 평생현역을 많이 찾아볼 수 있다는 점이다. 연공임금이라는 장벽이 아직 남아 있어 대기업은 고령자 고용에 소극적인 반면, 임금이 연공적이지 않은 중소기업은 상대적으로 고령자 고용에 적극적이기 때문이다. 둘째, 전문성을 살릴 수 있는 자영업으로의 진출 가능성을 고려하라는 것이다. 일례로, 대기업의 퇴직자가 협동조합이나 동업조합 같은 것을 만들어 중소기업에 전문적인 서비스를 제공하는 것도 가능하다. 이 밖에 일본의 고령자들은 삶의 보람을 얻고 자신이 쌓은 지식과 지혜를 활용해 사회에 이바지할 수 있는 자원봉사 활동도 활발히 전개하고 있다.

공적연금에 대한 불안이 일본보다 더 큰 우리나라에서는 노후난민이 되지 않기 위한 노력, 그중에서도 평생현역 준비가 더 강조될 수밖에 없다. 그렇다면 평생현역을 위한 능력개발이 중요하다고 볼 수 있는데, 일본 고령근로자의 성공 사례 등을 보면 평생현역에 대한 의식이 무엇보다 중요하다. 현재의 젊은 층은 기존 세대와 달리 아예 연금에 기댈 수 없다. 따라서 80, 90세 혹은 사실상 죽기 직전까지 일하고 연금은 아플 때를 대비하는 정도이거나 보조적인 수단이라는 정도로 생각하면서 평생현역을 준비하는 마음가짐이 필요하다. 은퇴 직전에 급하게 노후 창업을 추진하는 식이 아니라 20대, 30대부터 노후를 고려한 경력과 기술 및 노하우 연마에 의식적으로 매진해야 평생현역을 위한 능력을 갖출 수가 있다.

노후에도 기업이 선호하는 인재는 남들과는 차별화되는 경쟁력을 가진 인재다. 따라서 현역 때 충실하게 업무에 매진하면서 차별성을 키우는 노력이 기본이 되어야 한다. 이를 위해서는 자신의 강점 기술을 연마하는 한편 사회와 기술의 변화 트렌드를 파악하면서 보강할 주변 기술 분야를 선별하거나 자신의 기술이 전혀 새로운 분야로 적용되는 트렌드에 대응하기 위한 기술을 새로 습득하는 노력이 중요하다.

　앞으로 한국의 각 제조업에서는 저성장과 함께 투자가 부진해지면서 일본처럼 각종 대형 설비들이 노후화되고, 대규모 공장지대에서의 안전기술이 더욱 중요해질 가능성이 높다. 고령의 베테랑 기술자가 오랜 경험과 노하우로 이러한 노후 공장들의 안전에 도움을 줄 수 있다면 기업의 수요가 있을 것이다.

　그리고 앞으로 로봇이나 인공지능(AI)도 경쟁자가 될 것이라는 전제로 이것들이 하지 못하거나 유리하지 않은 분야의 능력개발을 계속 강화해야 한다. 그러한 측면에서 로봇이나 인공지능이 불리한 인간과의 커뮤케이션을 포함한 노하우가 중요하다. 후배들에 대한 코칭, 조직 내 조정 역할이나 컨설팅 능력이 필요할 것이다. 사실 일본 기업 현장에서 선호되는 고령 근로자들 중에는 코칭 등 후배 육성 및 지도 능력이 탁월한 인재들이 많다. 정년퇴직 후에도 캐논에서 활발하게 일하고 있는 타카하시 마사요시는 자신의 차별적 기술을 연마하고 강화하는 한편 후배 육성 노하우를 쌓아왔다 (「PRESIDENT」, 2012년 11월 12일). 그는 복사기의 설계와 연구개발에서 핵심 기술을 연마해왔지만 55세가 될 때 사내 컨설팅 업무를 담당하게 됐고 여기서의 활동을 통해 조직과 개인의 업무 개선, 과제 선별과 해결 방안 제시에 관한 노하우를 쌓아갔다. 전문 기술력과 함께 팀을 성장시키는 조직 컨설팅 능력을 갖게 됨으로써 타카하시는 60세 정년퇴직 이후에도 풀타임으로 같은 부서에서 근무하게 됐다.

또한 일본 기업들이 사무직 근로자 가운데 정년퇴직 후에도 필요로 하는 인재는 해외 지역에 특화한 어학이나 현지화 노하우를 가지고서 글로벌 경영전략을 추진하는 데 도움을 주는 인재들이다. 특히 해외 현지 공장 등에서 현지인 근로자나 노조와의 교섭이나 조율에 노하우를 가진 인재들이 선호되고 있다. 일본 기업의 글로벌 경영이 점차 현지인 중심으로 변화하면서 현지거점과 본사를 연결하는 인재의 중요성이 높아지고 있는 것이다. 우리나라의 경우도 각 지역의 세제, 회계, 노동법 등에 정통하고 현지의 어려운 인사관리를 본사의 전체 방침을 관철시키면서 효과적으로 추진할 수 있는 인재가 중요해질 것이다.

반대로 일본 기업들이 빨리 내보내고 싶어 하는 고령 인력은 연공서열의 승진 과정에서 무난하게 리스크를 회피하고 올라오면서 관리직으로서 무게를 잡는 데만 능숙한 인재들이다. 이들은 전문성도 부족하기 때문에 기피의 대상이 되고 있다. 또한 시대의 변화에 능동적이지 못한 인재, 유연성이 떨어지는 사람도 기피 대상이다. 정년퇴직 후 연장 고용으로 상사였던 고령자가 예전 젊은 부하의 지시를 받게 됐을 때, 유연하게 젊은 상사의 지시를 받지 못하는 고령인력은 기피될 수밖에 없다. 앞으로 평생현역 시대에는 '부하가 미래의 상사일 수도 있다'는 각오를 가질 필요가 있다.

사실 대기업의 경우 정년퇴직 후의 고령인력 중에서 적극적으로 활용하고 싶은 인재는 많지 않을 것이다. 조직 활성화, 젊은 인력의 사기 진작을 위해서도 포지션의 순환 주기가 길지 않도록 할 필요도 있다. 따라서 중소기업 근로자처럼 대기업 근로자들도 외부 노동시장에서 선호받을 수 있는 능력을 길러나갈 필요가 있다.

평생현역으로 일할 수 있는 능력이야말로 저성장·저출산·인구고령화 시대의 확실한 노후 대책이다. 이를 위해서는 평생 학습하고, 능력을 키우고, 건강을 유지하는 노력이 필수적이다. 오랜 경험과 지식이 빛날 수 있는 것은 새로운 시대에 대한 감각을 유지하고 새로운 트렌드를 오랜 경험을 통해 보다 독창적인 통찰력으로 해석하고 활용할 수 있을 때다.

최근 연구에 따르면 개미들의 세계에서 경제 활동을 담당하는 일개미는 죽을 때까지 계속 일하고 죽을 때에 개체 능력이 최고조에 오른다고 한다. 죽을 때까지 먹을 것을 찾고 운반하는 능력을 키우기 때문이라고 한다. 우리도 지식정보화 사회의 인프라, 빅 데이터, 인공지능, 로봇, 재생의료 등 최신 기술이나 장비 등을 활용하면서 죽는 그 순간까지 나의 능력이 최고조에 오르도록 노력해야 한다.

마치는 말

우리에겐 창조적 파괴가 필요하다

　우리 경제의 장기불황에 대한 논의의 배경에는 세계적인 저출산, 인구고령화, 고용의 질 악화, 금융 불안의 만성화 등 글로벌 경제의 구조적 변화 요인들이 작용하고 있다. 한국을 비롯한 세계 각국 경제는 일본의 상황과 분명히 다르지만 디플레이션 압력을 가중시키는 세계경제의 구조 변화를 경계해야 하는 상황이다.

　일본 장기불황의 큰 원인으로 작용한 저출산과 인구고령화는 우리나라를 비롯한 세계 각국이 고민하고 있는 문제다. 그리고 중국 등 신흥국 경제의 둔화로 인해 2000년대 세계경제성장에 비해 훨씬 빠른 속도로 확대되어 온 무역증가세가 2011년 리먼쇼크 이후 부진을 면치 못하고 있다. 또한 금융 불안의 만성화가 사람들의 심리를 위축시킴으로써 경제활동의 부진과 함께 디플레이션 압력으로 작용하고 있다. 전반적인 성장 정체로 인해 금융완화가 심화되고 장기화되는 속에서 실물경제에 대한 투자는 부진한 가운데 각종 자산에 대한 투기가 발생해 자산 버블이 자주 일어날 우려도 있다.

일본은 인구고령화, 냉전 종식 등에 의한 글로벌 경제 환경의 변화에 맞게 각종 제도를 혁신하는 과제를 잘 수행하지 못한 결과 경제가 장기적으로 정체됐다. 일본의 장기불황 과정에서는 기존의 거시경제정책이나 산업정책이 효과를 보지 못했으며, 일본 기업의 경우도 과거에 성공했던 전략이 점차 효력을 잃어감으로써 망연자실하는 모습을 보이기도 했다. 그리고 일본과 같이 새로운 시대 환경에 맞게 경제·사회 제도를 과감하게 혁신하지 못하고 경제가 장기적으로 부진을 보인 사례는 세계경제 역사에서도 흔히 목격된다.

우리나라도 내부적인 장기 저성장 요인과 글로벌 경제 환경의 변화에 따른 저성장 압력에 동시에 대비해 선행적으로 구조혁신에 나서는 자세가 중요하다. 일본의 경험으로 볼 때 우리나라에서도 단기적인 내수부양정책은 효과가 크지 않을 수 있으며, 규제 완화나 구조혁신정책도 일본처럼 시기를 놓치거나 체계적이고 과감한 추진력이 부족하다면 효과가 떨어질 수 있음을 명심해야 한다.

본문에서 언급된 일본 기업과 정부의 실패 및 성공 사례 등도 참고하면서 미래지향적으로 대응해야 한다. 기업, 개인, 정부가 한 방향으로 장기불황에 맞서는 전략적인 집중력이 필요한 시점이다. 일본과 같은 만성적인 투자 부진, 수익성의 저하, 금리 소멸 등을 막으려면 각 경제 주체들이 '버는 힘'을 키워서 자본의 저수익 구조에서 벗어나야 한다. 성숙한 경제 단계에서는 생산성 향상과 고임금을 통해 내수를 확대하면서 신흥국과 차별화된 부가가치를 끊임없이 창조해야만 할 것이다.

버는 힘을 키우려면 기업, 개인, 정부 등의 각 경제 주체들이 기존 전략의 관성에서 벗어날 필요가 있다. 지금까지 배운 지식을 제로베이스로 재구축해 새로운 지식의 결합과 새로운 콘셉트의 창조에 집중하는 것이 중요하다. 기존 전략이나 행태에는 조직적으로 고착화된 관성이 작용하기 때문에 새로운 전략을 위해서는 조직 자체도 바꿔야 한다. 조직에서 오래전부터 내려오는 각종 폐단을 신속히 청산하면서 항상 새로운 시대에 적응하려는 유연성이 중요하다.

버는 힘의 원천이 되는 이노베이션은 일찍이 조지프 슘페터가 『자본주의, 사회주의, 민주주의(Capitalism, Socialism and Democracy)』(1942)에서 지적한 것처럼 '창조적 파괴(Creative Destruction)'를 필요로 한다. 파괴 없이, 버리지 않고서는 이노베이션을 지속할 수 없다는 것이다. 기업, 개인, 정부는 글로벌시장의 냉혹한 파괴 압력이 다가오기 전에 스스로를 파괴하면서 혁신해나가는 자세가 필요하다.